《百年巨匠》编委会

百年巨匠

Century Masters

刘海粟

柯文辉 ◎ 著

文物出版社

图书在版编目（ＣＩＰ）数据

刘海粟 / 柯文辉著． -- 北京 ：文物出版社，2017.9
（百年巨匠）
ISBN 978-7-5010-5138-0

Ⅰ．①刘… Ⅱ．①柯… Ⅲ．①刘海粟(1896-1994)-
传记 Ⅳ．①K825.7

中国版本图书馆CIP数据核字(2017)第155526号

百年巨匠·刘海粟

著　　者　柯文辉

总 策 划　刘铁巍　杨京岛
责任编辑　陈博洋
责任印制　张道奇
责任校对　李　薇

出版发行　文物出版社
社　　址　北京市东直门内北小街2号楼
网　　址　http://www.wenwu.com
邮　　箱　web@wenwu.com
制版印刷　北京图文天地制版印刷有限公司
经　　销　新华书店
开　　本　710×1000　1/16
印　　张　13.25
版　　次　2017年9月第1版
印　　次　2017年9月第1次印刷
书　　号　ISBN 978-7-5010-5138-0
定　　价　49.80元

宣传巨匠推广大师 为时代树立标杆

蔡武

文化部原部长 《百年巨匠》总顾问

　　文化精品创作工程包括重大出版工程、影视精品工程。《百年巨匠》就是跨界融合的一个重大文化工程，它深具创意，立意高远，选题准确、全面，极富特色，内容精彩纷呈，内涵博大精深，基本涵盖了我国20世纪这一特定历史时期在文学艺术方面的成就及其代表人物。它讲述的不仅仅是各位巨匠的传奇人生，更是他们的文学艺术成就同民族、国家，同历史、文化，同当代世界，同20世纪风云激荡的年代，以及同人民的命运都是紧密相连的。他们的成就对整个社会产生了重要而深远的影响。因此，立足21世纪的当今，系统全面科学解读巨匠人生与大师艺术，有着特殊而积极的意义，是社会和时代的要求。

　　作为一个有影响力的文化品牌，《百年巨匠》的表现形式也是多样的。《百年巨匠》丛书和纪录片互动互补，是出版界与影视界的跨界合作与融合发展，形成了叠加影响和联动效应，进一步丰富和扩大了品牌的内涵和外延。在信息社会"四屏"时代，用这样的一种方式来表达重大深刻的主题，具有重大的创新意义，是对中华优秀文化传承发展进行创造性转化、创新性发展的成功探索。体现出强烈的历史感、时代性、民族性，具有鲜明的中国特色，必将产生深远的影响。

一个民族自立于世界民族之林，离不开民族的自信心与自尊心。而民族的自信心和自尊心有其思想基础和人文轨迹，即对民族文化的重要代表人物和优秀传统应当有比较全面的了解并进行广泛传播。一个国家的历史需要记录，文化艺术同样如此。《百年巨匠》丛书秉承文献性、真实性、生动性原则，客观还原大师原貌，以更为宏阔的历史维度对大师们所经历的时代给予不同视角的再现和解读，为读者开启一扇连接20世纪中国近现代文化艺术史的大门。

巨匠们的艺术成就、人生经历、精神高度，彰显了中华民族文化在这个时代所能达到的高度，不仅有文学艺术上和文化史上的价值，而且有人文思想美学上的划时代性贡献。《百年巨匠》可以增强我们的文化自信和实现中华民族伟大复兴的意志。

《百年巨匠》还有一个重要意义，它能够激励我们后来人砥砺奋进，勇攀高峰。这些文化艺术巨匠有着深厚的爱国情怀和强烈的民族责任感，他们将个人荣辱兴衰与国家、民族命运联系起来，用文化艺术去改变现实，实现理想。在新旧道德剧烈冲撞中，他们所表现出来的高风亮节是后来人的楷模。他们所传导出的强大正能量，会激励一代又一代广大读者，对促进我们整个民族新一代的教育与成长，有着非常重要的启迪意义。他们的精神是引领和鼓舞我们再出发的航标与风帆。

《百年巨匠》也给了我们很多的启示，可以帮助我们回答和破解"钱学森之问"。20世纪产生了那么多的大师，新世纪、新时期我们应该如何助推产生出新的大师？这些巨匠的成长轨迹给我们揭示了大师们成长的规律，如要深具家国情怀，要胸怀高远理想；要深深扎根于人民，与人民同呼吸共命运；既继承民族优秀传统文化，又要勇于创新；并以非常包容的心态去拥抱一切文明成果等。

《百年巨匠》仅反映了20世纪百年的文化形态和人文生态，我们应该把这个事业延续下去，面向21世纪。对艺术大师的发掘是通过他们的作品来体现的，而他们的作品既是中华文化的传承，又进一步丰富、创新了中华文化的构成。从这个意义上讲，宣传这些艺术巨匠就是弘扬中华文化。这些艺术巨匠作为中国名片，拥有较强的国际影响力，这一工程的推进，可以有效推动中华文化和中国出版走出去。不仅仅局限于艺术领域，还可以从广度上、外延上扩大至整个文化领域，甚至把科技、教育等领域的巨匠们也挖掘展示出来。

一个国家文化事业的繁荣与发展，既需要广大艺术家的努力，也需要大师巨匠的引领。宣传巨匠，推广大师，为时代树立标杆，无疑是我们责无旁贷的历史责任。巨匠之所以是巨匠，大师之所以能成为大师，是因为他们以具有强烈时代感和创新精神的作品站在了巅峰。而他们巨作的背后，是令人钦佩的工匠精神，这种工匠精神的发掘和弘扬在当下具有重要的现实意义。同时，这百年的文学艺术史已有的众多成果，从学术上也要系统总结。而长期以来一直困扰我们的一大难题，就是如何把这些重要的学术研究成果进行转化和再创造，使之成为可被大众接受、雅俗共赏的精品佳作。从这个意义上讲，《百年巨匠》丛书的出版也是非常值得赞许的。

当前，我们的文化艺术事业虽然取得了长足的进步，但是相对于时代的重任，人民的厚望，尚有作品趋势跟风、原创性匮乏、模仿严重等问题，希冀大家在《百年巨匠》作品中得到更多的启迪和感悟。

我们国家正处在重要的历史时期，为我们文艺创作提供了丰沃的土壤和广阔的空间。中华民族的伟大复兴，呼唤一切有为的文艺工作者，为繁荣中国特色社会主义文化、建设社会主义文化强国，奉献毕生的才华和创作热情，将高度的社会责任感和历史使命感化作文艺创作的巨大动力，创作出无愧于时代、无愧于祖国和人民的优秀文艺作品，让我们这个时代的文艺创作异彩纷呈，光耀世界。

目 录

第一章　沧海一粟　　　　　　　　　　　／ 1

童　年　　　　　　　　　　　　／ 2

离　家　　　　　　　　　　　　／ 7

模特事件　　　　　　　　　　　／ 11

入　京　　　　　　　　　　　　／ 22

良师益友　　　　　　　　　　　／ 27

热心为友　　　　　　　　　　　／ 31

东　渡　　　　　　　　　　　　／ 38

第二章　旅欧游学　　　　　　　　　　　／ 43

初游法国　　　　　　　　　　　／ 44

巴黎个展　　　　　　　　　　　／ 54

游意大利　　　　　　　　　　　／ 61

德国讲学　　　　　　　　　　　／ 65

柏林办展　　　　　　　　　　　／ 74

伦敦之行　　　　　　　　　　　／ 82

旅欧归来　　　　　　　　　　　／ 88

第三章　乱世流变　　　　　　　　　　　　　/ 91

　　抗战之始　　　　　　　　　　　　　　　　/ 92

　　印尼筹赈　　　　　　　　　　　　　　　　/ 98

　　新加坡卖画　　　　　　　　　　　　　　　/ 107

　　回国婚变　　　　　　　　　　　　　　　　/ 114

　　蛰居上海　　　　　　　　　　　　　　　　/ 119

第四章　情归黄山　　　　　　　　　　　　　/ 125

　　解　放　　　　　　　　　　　　　　　　　/ 126

　　炼　画　　　　　　　　　　　　　　　　　/ 135

　　新的高峰　　　　　　　　　　　　　　　　/ 145

　　齐鲁之行　　　　　　　　　　　　　　　　/ 157

　　访日纪盛　　　　　　　　　　　　　　　　/ 166

　　九上黄山　　　　　　　　　　　　　　　　/ 171

　　十上黄山　　　　　　　　　　　　　　　　/ 193

参考书目　　　　　　　　　　　　　　　　　/ 201

第一章 ｜ 沧海一粟

刘海粟的一生，历经波折，起起落落。却屡次开创中国新美术的先河，并以卓然的艺术成就，终成永铸史册的一代巨匠。

童 年

古城常州，地处江苏南部，这里气候温和，人文荟萃，物产丰富，1896 年农历二月初三，刘海粟就出生在这个美丽富庶的地方，并在这里度过了他的少年时代。

清末，常州府内有两座半楠木大厅，刘家居住两座，吕家半座。刘运帷请华亭书法家许威写了"静远堂"三字巨匾，悬挂厅中，是取诸葛亮"非宁静无以致远"的意思，后来海粟自号"静远老人"，即出于此。

海粟的父亲刘家凤，字伯鸣。在后辈记忆中，是一位颇带神秘色彩的人物。他年轻的时候，刘家已经失去了往日的煊赫豪华，没有出什么大官，经济地位也日趋衰落，但是船烂还有三千钉，维持温饱，尚不困难。

海粟的母亲洪淑宜，是著名学者洪亮吉的小孙女。她比海粟的父亲小 11 岁，文学修养很高，熟读洪北江和黄仲则的著作，是海粟的启蒙老师。她教孩子们识字，背诵古诗，讲到洪亮吉不辞千里为黄仲则奔丧的事，总是声泪俱下，使儿女们深受感动。每夜，她总要挑灯为孩子们督课，检查他们的书法窗课，一丝不苟。

刘海粟最小，光绪二十二年（1896 年）农历二月初三，诞生于青云坊老屋。据收生婆说，生下时脐带盘在腹上，故乳名"槃官"，字季芳，行九，故他常用刻有"刘九"二字的小印章。20 世纪 20 年代，还将自己的书房题名为"槃槃阁"，乃出于此。

2

海粟6岁入家塾读书，从《三字经》开始，念《千字文》，四、五、六、七言《杂字》，再是《四书》。老师只会大声背诵，最怕学生提问。这种学习方法，使孩子们很反感。每天下午习字，先从描红开始，用的是木版印刷的描红本，双行，每行四字。描了几本之后，才写印本，用毛边纸或竹纸订成本子，夹上木版印的楷书，用墨笔影写，比描红要难。这些字都是馆阁体，乌大方亮，没有个性。练字过后习画，用油竹纸描恽南田派线勾花卉。海粟不像同窗那样机械描绘，用笔较为奔放，被老师斥为"乱涂"。后来他用这两个字题画，便是纪念这一评语。

海粟8岁开始练写颜真卿的名作——《颜家庙碑》。9岁，得《麻姑仙坛记》及《芥子园画谱》。

年幼的海粟勤于思考，也敢质疑权威。海粟读《论语》时，向塾师刘翼昌提出疑问："夫子表彰颜回'曲肱而枕之'，好像很随便；自己吃肉时，又'割不正不食'，似乎太讲究。这不是有些矛盾么？"塾师只会拍案呵斥，别无解释。儿童的好奇心，得不到满足，但又去问谁呢？后来，从一位谈先生就读，老师回家度假，他买鞭炮立于桥头上放了很久，表示欢庆，为此得罪了老师，被斥为"目无师长"而辍学。

次年，海粟入绳正书院就读。学校除讲经史之外，还讲西学，如卢梭的《民约论》及严复译的《天演论》等，都是文明书局石印本。这些新内容是戊戌维新运动后的产物，反映了我国教育从私塾到学堂的过渡。

暑假开游艺会，海粟写了"逢源会委，勇智宏辨"八个大字，集自柳公权名帖《玄秘塔》，被同学们称颂。事隔七十多年后他在黄山对学生说："对孩子应当鼓励，但做师长的最好不要当面夸赞。孩子知识面狭窄，容易自命不凡。我从小好话听得太多，养成骄傲情绪，

《高庄写生》1925 年

吃了很多亏。人做到谦虚很难，要自小培养！"可谓由衷之言。

12 岁，母亲扶病同他去看黄仲则故居。房子不高，光线很暗，当中客厅及西侧的两当轩是明朝所建。母亲教他念黄仲则的诗《别老母》："搴帏拜母河梁去，白发愁看泪眼枯，惨惨柴门风雪夜，此时有子不如无。"他牵着母亲衣襟流泪，母亲也含泪吻他。单纯美好的幼年在他历尽风涛之后回忆起来，犹如远去的白帆，隔着时代的烟云，反刍到一阵苦涩的甜味。

"妈妈！为什么叫'两当轩'？"

"唐代史论大家刘知几，写了一本出名的书，叫作《史通》，当中有句话：'以两当一'就是来历。景仁太公只活了 35 岁，留下两千多首诗，两百来首词，还有《西蠡印稿》，刻得很古雅，加上散文骈文，比一般活到 60 岁的人著作还要多，非常难得。你外曾祖父跑了几千里，运回诗人骸骨，编定遗著，安抚孤儿寡妇，不愧被人称为义士。对朋友要忠厚，处处舍己利人才对。光利用，不关心痒痛，想不到朋友生前事、身后名，便是小人。你要毕生记住，不许违背我的训诫！"母亲从来没有这样严肃地对儿子讲话。

一年之后，海粟的母亲又带着他去德泽乡前桥，祭奠海粟的外曾祖父。

墓地一碑孤立，蔓草丛生，她垂头跪在坟前，似乎预感到自己行将就木，所以哭得难以抬头。同去的周妈，再三劝慰，也不起作用。

母亲的额头刻上了皱纹，几茎早生的华发，在寒风中颤抖，脸更加干瘦，脚背肿起，噪音半哑，显得比昔日矮小，背也有些弯了。那手上的青筋，在淡黄色的皮肤下隆起。这是儿子最后一次伴她出门的印象。

思亲之情和对儿女们的期望，使得她督课更严。

"背下去，下面这段文字，是外曾祖父悼念黄景仁太公精心泣血之作，不应等闲视之！"

海粟刚背两句，哥哥姐姐也都情不自禁地跟着念起来：

> 自河以东，与关内稍异。土逼若衖，涂危入栈，原林惨淡，疑披谷口之雾，衢歌哀怨，恍聆山阳之笛。月在西隅，始展黄君仲则殡于运城西寺，见其遗棺七尺，枕书满医。抚其吟案，则阿之遗笺尚存；披其帷，则城东之小史既去。盖相如病肺，经月而难瘥，昌谷呕心，归终而始悔者也。况复丹铅狼藉，几案纷披。手不能书，画之以指。此则杜鹃欲化，犹振哀音，鸷鸟将亡，翼留劲羽。遗弃一世之务，犹留身后之名者焉。

这是母亲最后的一课。

1909 年 7 月，海粟与谭廉同车到沪，沿途谭先生对他照顾备至。这个殖民色彩很浓的大都会异常繁华，使海粟耳目一新。初出茅庐，东西莫辨，他将行李先存放在谭廉友人顾鼎梅先生的住处科学仪器馆，然后找到八仙桥"背景画传习所"。

这里垂杨吐翠，碧草芊芊，一座小洋房掩映其间，风景十分优美。学生四十多人，年长的已 40 岁，以海粟和陈抱一为最小。同学们对这两位小弟弟都很爱护。

老师周湘，早年受教于翁松禅，戊戌政变后，因康党嫌疑，亡命日本，偶然遇到一位同窗的父亲出使欧洲，见周湘能通英语，便聘为秘书。周湘未入过美术学校，在欧时与画家们交往密切，刻苦自学成才，1909 年返国任教，1933 年去世，著有《山水画谱》行世。

海粟随周先生学画。他画的马路和树，比较符合透视，有深远之感。他和陈抱一交卷最快，老师和同学纷纷称赞。

呆板乏味的课程，很快便不能满足海粟的求知欲。他如饥似渴地阅读课外书籍，蔡元培著的《中国伦理学史》，对他很有震动。书中对黄宗羲、王夫之的反君权思想，俞正燮、戴东原的女权思想，评价甚高。此外，林纾所译的西方文学名著，严复译的哲学名著，还有法国革命史，圣女贞德和罗兰夫人的传记，都富于民主主义思想，大大地启迪了海粟的思考能力。

同学中，为人正派热情的乌始光与他最亲近。两人常在一起作画，一起到称为"番菜馆"的日本菜馆就餐，品尝东洋风味，也常到外滩普鲁华、别发、伊文思三家外文书店去看画册。后来购得伦勃朗、戈雅和委拉士贵支等人的画集，刻苦地进行临摹。当时还买不到油画颜料，使用粉色加亚麻仁油自己配制。没有画布，就用细布钉在木框上，涂上水胶作画。那种着迷的劲头，简直废寝忘食。

海粟学了半年，因为对绘制布景没有兴趣，便回到常州。这短暂的基本训练，对他后来漫长的艺术生活，起到了启蒙的作甩。

海粟少年时代画的画，已全部找不到了，只有在 1907 年 12 岁时画的一张《螃蟹》，在海粟的箱子底下躺了 28 年之后，于 1935 年参加了全国首届儿童画展，并印作目录的封面，原作大概被印刷厂送进了废纸堆里了。

离　家

1910 年，不甘于单调中虚度流年的刘海粟，在青云坊办起一所图画专修馆。

虽然一年后发生了武昌起义，宣传各种思想的书报源源不断地从日本及香港、上海运到常州，但是视绘画为末技的传统意识如故。海粟奔波多日，只有亲戚家的十多个女孩子报名就学，没有男孩问津。

专修馆侧重自学，上午临画，偶然也写生，因为女孩子出门不便，只能在花园里画些太湖石、池边的树之类，没有机会投入大自然的怀抱。下午互相评画，读画论，没有教师。大家互相切磋，是一种旧式书院和传习所的混合的学艺方式。

作为中心人物，海粟在这个小小的女儿国中颇有威信。他的艺术水平加上组织能力，深受姐妹们尊重。

除去和姐妹们在一起做功课，海粟也出门写生。常州的约园、近园，风格均摹苏州，小巧玲珑，格局虽不大，但变换角度，还可以练笔。最远的地方，也只到过红梅阁。他还攀登过刚刚修整好的文笔塔，俯瞰全城，行人如织，平畴无垠，街道纵横如棋盘，深感心旷神怡。家乡的美，永远留在海粟难忘的回忆里。

在这群女画童当中，最出色的人物，是海粟的表妹杨守玉。她比海粟小一岁，青梅竹马，两小无猜。母亲去世，家无主妇，姑母出于对哥哥的尊敬和对侄儿们的爱怜，常常回到娘家，操办一些家务，表妹也随着姑母来到舅舅家，并进了专修馆习画。由于封建礼教的约束，她和表兄非但不能一道出门玩耍，即便偶尔单独相见，也不敢交谈。两人无言地看上一眼之后，脸红心跳，便默默地走开了。

"九弟，听父亲说快给你提亲了，不知道你想娶个什么样的姑娘？"姐姐慕慈似乎看出了一点端倪。

"姐姐你看呢？"

"守玉表妹怎么样？"

海粟点点头，接着红着脸走开了。

几天后父亲来到书房，看了孩子们的画之后说："守玉真聪明，画得不差，我很欢喜她。九儿要多帮助她，我们是至亲哪！"

"是的。"海粟回答得很腼腆。

"你也该结婚了。从你娘去世，我也一天不如一天了，你娘最疼爱你，你成家之后，不唯我去了一桩心事，你娘也可以含笑九泉了。"

过了两个月，家里忽然忙着准备下聘礼，海粟心里乐滋滋的，但奇怪的是，姐姐反而沉默寡言，连作画也无心思了。

守玉也不来习画了，这一切似乎酝酿着什么变故。

"阿姐！怎么表妹不跟我们一起画画了呢？"

"她跟史品山老夫子念古文，准备考女子师范，没有工夫来画了。"姐姐有点吞吞吐吐，一反平常爽快麻利的个性。史老夫子是史良的父亲，是常州很负盛名的教育家。

直到下聘礼的那一天，海粟才知道结亲的是丹阳大户的小姐林佳。她父亲在前清当过宁波知府，发了横财，回到故里，开设钱庄，姨太太也娶了好多个。她的母亲是一位很得宠的如夫人，私房很多。

在父亲的包办下，海粟于 1911 年 11 月与林佳举行了婚礼。

一月光阴，转瞬便过，新娘回门时间已到，姐姐请求弟弟照顾老父的健康，不要闹出了格。

海粟想：新娘回门，必定将其遭遇告诉父母，说不定林知府和如夫人一怒，事情反而有可能解决；如果这一幻想落空，也可找机会逃到上海，自己一走，林佳也不致于在常州出事，于是，便同意去丹阳回门。

海粟这一让步使全家喜出望外。

几天后，仆人请新姑爷到丹阳大

《巴黎圣母院夕照》（油画）1930年

街林家钱庄去见父亲。海粟来到父亲下榻的地方，才知道老人对他很不放心，正好两家钱庄有财务往来，便借机来见见亲家翁和儿子。

"你打算怎么办？"父亲了解儿子处境以后直接了当地提问。

"儿死也不跟林小姐结为夫妇。"

看清儿子的决心以后，父亲给了海粟200银元，很动情地说："没娘的孩子，就依你去上海吧。你盟兄为人忠厚，凡事跟他商议着办。要听太姑母的话，不要让我终日再为你担心。乘火车走吧！需要什么东西，日后再叫人送去，唉！"大滴泪珠流到他的唇边。

火车开出丹阳，海粟感到如释重负。经过常州时，他也没有下车，直达上海。

海粟在太姑母家安顿下来之后，当天就找到了乌始光。

一连几天，兄弟俩商量下步棋该怎么走。

自从开展洋务运动以后，中国有大批留学生去日本求知，革命家秋瑾、徐锡麟、邹容、陈天华、章炳麟等人皆曾东渡。当时海粟的大哥刘际昌也在东京读书，所以海粟便选定了去日本学画这条路。

太姑母听到这一决定，认为孩子太小，不敢做主，便给海粟父亲发了个电报。次日，海粟父亲来到了上海。

起初父亲要儿子跟他回家。海粟坚决要去日本，经过太姑母和乌始光从两头缓颊，爷儿俩均作了让步：海粟不去东洋，留在上海办美术学校，由父亲在经济上给以支持。

约过半年，林佳携带着丫环、仆妇也来到上海，并租了新居，买下全套西式家具，派人请海粟回家。海粟坚持要离婚，这在当时对女子来说简直是奇耻大辱，林佳只好求人说情，要求保留她的夫人名分，同意海粟另娶。这一要求又被拒绝，气得她吞金自杀，闹得死去活来，最后无计可施，才同意了海粟的要求。

六十多年后，海粟谈到林佳，认为她也是封建婚姻制度的牺牲品，是值得同情的无辜者。

模特事件

在海粟漫长的艺术生涯中，最有光彩的一页，是震惊中外的模特事件。

那时候，民国虽已肇造，清末遗风尚在，封建意识并未受到彻底清除，一般人出于迷信，认为画像照像都要损耗精神，减少好运气，甚至还有人说："把灵魂画了去会死掉的。"奇谈怪谈被视为真理，正好反映了社会发展的沉滞，所以招聘成年人当模特，无异海里捞针。

1912年，刘海粟在上海创办上海图画美术院

好不容易雇到一个15岁的男孩，小名和尚。家境贫苦，月薪5块银元，到后来加到6块，活儿不重，被几十个人围着描绘了几个月，并无异常现象发生，原先的怀疑逐渐消失，情绪完全稳定了。

孩子形体消瘦，精神欠饱满，不能满足学生们的求知欲，到了8月里，海粟便设法雇用壮年人。历尽周折，后来有一个劳工因为受着金钱之压迫，他就决然来做这件事。到来年3月，天气也和暖了，慢慢地就劝他出露半体，因为他已经习惯，所以也就不成问题。到暑假后，与那模特商量露出全身，哪知他一听要他赤裸裸直陈出来供给大家画，就立刻生起反感，以为是有意羞辱他，调头不顾而去。后来应招之人虽是甚多，来一个就和他订明条件，说明情况，未到教室之前，都是很愿意很高兴的，哪知一到教室要他脱下衣裤，他就什么都不管，只顾向室外逃走。一连着有20余人都是如此，这样一来学生就旷了20余日的课。到最后一人，学校就先和他提出条件：倘若你临时走了，就要罚10块钱。他走进课堂上了写生台，看见了许多人都注视他，便不自然地连声说："情愿罚钱，情愿罚钱。"

那天正好是海粟上课，便问他为什么愿意罚款。

他羞赧地说："在众人面前赤身露体，实在办不到。"

"你身上有什么见不得人的毛病吗？"海粟耐心地问道。

"没有毛病，但当众脱光衣服，实在太难为情。"

"每个人的身体都差不多，穿衣服就是为了保温，脱衣服是为了让大家学画，教室里生了火，并不冷，又不是光着身子上街。好好事情不做，为什么情愿受罚呢？你再仔细考虑一下，我看还是照约定的条件办吧。"

那人垂头默然，想了片刻，只好皱着眉头慢吞吞地脱去衣衫，露出绷得很紧的肌肉，复杂的色调交织地在肌肤上颤动，使同学们大为惊奇，画兴也随之浓烈。

1917年，美专举办成绩展览会，陈列室里放置了几张人体素描，大部分参观者看到之后，惊诧不已。

1918年8月，海粟同王济远、江小鹣、丁慕琴等在静安寺路寰球学生会办展览，作品中有几张人体习作，引得一些观众来信痛斥，报纸也发表文章，指责这一群青年画家们狂妄，有一位海关监督观后请工部局查禁。工部局派来包探两人，要求海粟撤去人体素描，恰好展览会的闭幕时间已到，自然是不了了之。

1920 年 7 月，海粟的友人何君，关心美专教学，设法雇得一位很明事理的女模特，只干了三天，便被家属斥为供人画春片而作罢。家属还到学校来吵闹一通。稍后，美专才雇得一位白俄少妇为模特。此后北京美专及上海神州女校的美术专业也随之雇用模特，反对此事的议论逐渐沉寂。海粟认为风气渐开，比较乐观。

1924 年，学生饶桂举在南昌办画展，其中有几张人体，被江西省警察厅查封。

饶桂举有理说不清，只得向海粟发出加急电报，请求伸张正义，解决难题。

海粟得到电文，异常不安，此事表面上是饶桂举一人受到委屈，实则关系到我国新兴美术事业的前途。像江西省教育会韩志贤之流，实为一种社会思潮和封建势力的代表，不加驳斥，难免谬种流传。便给当时的教育部长黄郛、江西省长蔡成勋各自写了一封信，希望查明原委，取消禁令。两信均在上海各家报纸上揭载。

这时，上海有少数社会渣滓，拍摄妓女裸体

刘海粟（中立披大衣者）与上海美专部分师生在写生途中

刘海粟（右一）在上海美专进行人体写生、雕塑

照片，有的画工乘机绘制淫猥春画，纷纷打着模特的招牌四处叫卖，乌烟瘴气，报上也刊出兜售裸体照片广告，电影开映前也映几张裸体女像的幻灯片，乘机牟利，毒害青年。很多人不明真相，都说"这是刘海粟倡导的，是艺术叛徒的功绩"。对于封建思想和兴风作浪的流氓，反而无人指责。

1925 年 8 月 24 日，海粟在北京小住，看到报载江苏省教育会召开会议，作出禁止模特的决议，深觉意外。该会负责人黄炎培、沈恩孚都是思想开朗的学者、诗人，为什么会通过这样提案，内幕不得而知。海粟便写了一封信去探问真相。信的副本，寄交《时事新报》发表。

几天后，江苏省教育会复信说：他们从未禁止美术院校开设人体素描课程，所禁止的是诲淫的裸体照与春画，同海粟平素主张绝无矛盾，只有措词上有些不准确。

海粟的信披露之后，引起两种不同的回声。他先是收到了王一之先生支援的来信：

> ……今日读报，载我公以模特问题，规谏省教育会之鸿文。顽固派浅见陋俗，妨碍艺术之进步，颇觉可怜可叹！……因少数荡妇之行为，归罪于学术试验之模特，因些微之弊，而忘实在之利益者，因噎而废食也。触感及此，拉杂奉陈，中国艺术之路尚赖明哲之奋斗焉……

另一种反应是上海市议员姜怀素在《申报》及《新闻报》上著文呈请当局严惩刘海粟：

> 今为正本清源之计，欲维沪埠风化，必先禁止裸体淫画，欲禁淫画，必先查禁堂皇于众之上海美专学校模特一科，欲查禁模特，则尤须严惩作俑祸首之上海美专学校校长刘海粟。

海粟拍案而起，立即著文答辩：

> 夫沪埠风化之恶，鄙人疾之深，未尝后于姜君也。无赖市侩制作妓女裸体照片及淫画，诲淫以牟利，鄙人疾之深，亦未尝后于姜君也。兹二者，于上海美专何关？于鄙人何关？姜君不察，以市侩行为，强纳于艺校尊严之轨而并行，黑白不辨，是非荡然，是乌可不辩者哉……

姜怀素读到此文，找不到反驳的理由，只得缄默。接着姜怀素跳出来的是上海总商会会长兼正俗社董事长朱葆三。旧上海的"朱葆三路"，即因此人命名。他以买办、绅士、巨商、"慈善家"的四重身份而闻名申江。他装做一副慈悲模样站出来讲话：

> 先生为美专校长，美术之范围至广，山水花鸟，仕女风景。均可引起美术之兴会，何必定以模特曲线美名词导人于邪。先生纵有柳下惠之操守，不为身色所动，彼青年子女，能有此操守乎！？当此人欲横流时代，提倡礼教，修养廉耻，犹虑不及，再以此种画片，蛊惑青年，势将不可救药矣。

海粟把斥姜怀素的文章剪寄一份附在信后作答，信中说：

> 艺术上之模特，既与中国礼教截然二事……执事言贵社呈部有案，历请华洋官厅，严禁淫书春册，用意辛勤，良佩良佩。欲请禁敝校艺学上之模特，则敝校亦呈部有案，历届办理情形，呈报无遗。不但敝校然也，各国立美专，亦有是项模特之设置。执事请禁之道多矣，无谓华洋官厅不足以显其威。欲请洋官厅严申禁令，则英法国立私立美术学校设置模特，较中国为先，较中国为盛。执事可请英法当局先禁本国学校，再及于租界之中国学校。如谓中国政府与英法政府，有提倡模特之嫌疑，执事更进一步，可请国际法庭惩治

之。执事阳鄙欧美为夷狄，阴实效忠于洋官厅，前后矛盾，判若两人，是存何心？是存何心？

富贵不能淫，贫贱不能移，威武不能屈。鄙人倡艺学之志不能夺。实言之，不因执事以华洋官厅炫众，而易鄙人之初衷。鄙人身许艺学，本良知良能，独行其是，谗言毁谤，无所顾惜。执事名鄙人为艺术叛徒固善，名鄙人为名教叛徒亦善也。真理如经天日月，亘万古而长明，容有晦冥，亦一时之暂耳！鄙人无所畏焉！今之违执事劝告者，执事实违真理，强鄙人不得不重违执事也，惟执事明察之。执事所定进行步骤，究为何者？此种迹近恫吓之辞，而出诸执事之口，窃为执事惜也。丈夫有为，光明磊落，敢乞明布，愿安承教，虽赴汤蹈火，鄙人无辞，谨拭目以待命……

朱葆三哑口无言了，可是各家小报，污蔑谩骂海粟的短文仍然甚多。

1926年5月，海粟率领美专学生到杭州西湖写生。15日清晨，他正在阳台上画葛岭日出，忽然有几位同学拿着当天报纸来找他。海粟接过一看，大字标题十分醒目：《上海县长危道丰严禁美专裸体画》。此人与姜怀素、朱葆三两唱一和，必有关联。海粟对围上来的学生们说："你们安心求学，报上的事由我负责答复。处在这样落后的黑暗时代，为了倡导学术上的真理而遭到这样挫折，真是太痛心了。"

5月17日，《申报》以显著位置刊出刘文，标题是《刘海粟函请孙陈两长申斥危道丰》。

同日下午5点，号称苏、浙、皖、赣、闽五省联军统帅的军阀孙传芳，自南京取道上海，到杭州去检阅军队。上海的官绅商贾中的头面人物云集上海车站，等着迎送朝见。一向清高的沈恩孚先生出于对海粟的关心，当地质学家丁文江教授拉他去见孙传芳时，就没有拒绝，恰好成为这场政治闹剧的目击者。

危道丰仗着他与孙传芳曾在日本士官学校同窗之谊，一进专车，便将当日《申报》捧给了孙传芳。

"什么叫模特？"孙传芳问道。

"就是光屁股的姑娘！"危道丰回答。

"啊？那刘海粟是怎样的一个人呢？"

"是借着模特骗钱的人。"危道丰加重了语气。

沈恩孚先生再也按捺不住了，便鼓足胆量说："刘海粟是美术教育家，也是认真研究学术的艺术家。模特并不像危县长说的那样……"

"联帅！"危道丰粗暴地制止了沈先生的辩解，用掼纱帽的办法来给孙传芳上劲："上海的事我干不下去，请您另荐贤能吧！接任才两个星期，整顿风化才开头，刘海粟竟敢辱骂长官，若不严惩，群起效尤，将不可收拾！"

"那么由你去办理好了。"孙传芳从来就爱偏听偏信。

因为危道丰有生杀予夺的大权，加上心胸狭小，使得沈、丁两位先生十分为海粟担心。孙传芳的专车一开出，他俩就直奔美专。这时海粟尚在郊区的上海疗养院治病，虽在发烧，已比前几天见轻，两位先生忙把孙、危的阴谋告知李毅士和滕固，要李、滕二教授设法将海粟迁到美专所在的租界居住，以防意外。

一时悲观的气氛笼罩着上海美专，面对着军阀的残暴，官僚的昏聩，艺术的作用何在呢？自己心血灌溉出来的学校，决不能从此停办。他将七百多同学召集一堂，跳上讲台大声吼叫着：

我拥护艺术，坚持真理！决不为威武所屈！我反抗！

我反抗！！他们是决不了解艺术的伟大意义的。他们是庸人。裸体模特，是学美术的基本功，不用不行！

海粟在《申报》上发表声明，否认启事和自己的忏悔，表示为了艺术的发展，"刀斧鼎镬，在所不辞"。

过了几日，孙传芳自南京寄来一信，婉劝海粟就此罢休，给他一点面子。

海粟答曰：

> 先生以为不适国情，必欲废止，粟可拜命，然吾国美术学校，除敝校外，沪宁一带，不乏其数，苏省以外，北京亦有艺专，其他各省，恐无省无之。学制变更之事，非局一隅而已也，学术兴废之事，非由一人而定也。粟一人受命则可，而吾公一人废止学术，变更学制，窃期期以为不可也。

孙传芳接书，认为伤害了他的尊严，就发出一道"通缉刘海粟"的密令，又电告上海交涉员许秋帆和领事团，准备会同租界当局拘拿刘海粟，封掉美专。由于危道丰的催促，探长程子卿和外国探长石维也带领巡捕两名，到美专来找海粟。

美专职员王春山闻讯立即通知海粟逃走。海粟认为没有犯法，无需逃避。正在争论，两位探长走进了海粟的办公室。程子卿彬彬有礼地说："孙总司令每天来电要封美专、抓人，总领事先生并不以为然，特派我们前来保护。"

石维也要海粟足不出户，方能尽到保护之责。

海粟表示了谢意。

从此，两探长上午8时即来，夜间才去，严加守护。他们时而携来宣纸、扇面，请海粟作些书画。

一周后，总领事那齐约见海粟。

几句寒暄之后，那齐将译成法文的孙传芳来电和各报有关模特论战的文字放在海粟面前说："您该知道事态的严重性吧？"

海粟陈述原委之后说："在欧洲，包括贵国在内，有许多艺术院

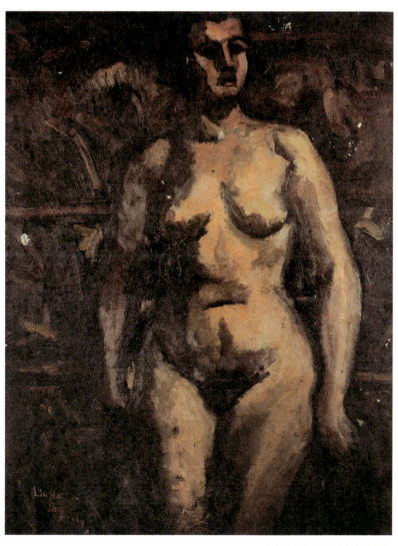

《女人体》（油画）1929 年

校和美术馆，陈列的裸体雕塑和绘画很多，并无人非议，大家视为理所当然，所以对中国的模特之争，一定能理解。"

那齐说："你看我的柜上，不是也有一个大理石的雕像吗？我请你来，有两个条件告诉你，第一，孙传芳、危道丰叫许交涉员每天都来麻烦，使我为难。我要求你待在一处，不要出去，我才可以保护你。第二，你的模特尽管继续使用，不必停止，但不能让人家参观，否则他们又要来啰唆。请你不要再和他们辩论。"

"可以办到。"海粟深知法国人虽然重视民主自由的招牌，但是决不想得罪军阀，能持目前的态度，已经是破格。那年月租界巡捕房里杀害的中国志士够多的了，自然不想再让法国人为难。

稍后，报上登出消息，说孙传芳严令各地禁止模特，前次刘海粟强辩，有犯尊严，业已自动停止模特云云，显然是领事馆方面给台阶让孙传芳好下台。海粟看后，只好默然。

在这场斗争中，鲁迅先生发表了主持正义的短文，他在《马上支日记》中写道："这是真的，要证明中国人的不正经，倒在自以为正经地禁止男女同学，禁止模特这些事件上。"

王昆仑先生给海粟来信说：

别来几天了。前天由家里来上海，听说报纸上有你们的笔墨官司，诚如尼采所说：'从来是弱者压迫强者的。'看了那些流放着毒汁的广告和信件之后，我这样想。至于你，似乎以后不再理也好。

雕塑家刘开渠也发表文章，声援海粟：

在这个大宇之内，要比较美的时候，人体怎么样也得算第一。但是人体美在中国不被欣赏，简直被侮辱了。这在人体美的本身虽然没有多大关系，但有美而不知欣赏的人，的确再可惜也没有了。……现在官厅也出来饬禁了，然而我对此并不觉得奇怪。因为在礼教统治之下的民族，在现在所谓"模范省"之中有此现象，是当然的。

十多天之后，海粟在家中同几位朋友合作国画，法警送来了上海法院的传票：危道丰起初控告海粟侮辱长官，未被受理，改用个人名义，控诉刘海粟侮辱他的人格，毁谤名誉，要求赔偿损失。

这件事对海粟来说，可称意料中的意外，画友们无不义愤填膺。经过商量，决定聘请吴经熊、陈霆锐两先生为辩护律师，等候开庭。

两天之后，吴经熊律师请海粟到一品香菜馆去吃饭，在席间给海粟介绍了留欧同学、承审此案的推事郑雯。

郑雯说："南京孙大帅不断来电催办此案，危道丰多方向法院施加压力，我对海粟兄虽然很同情，但也爱莫能助。愚意准备判决罚海粟兄50块钱了事。钱也不用付出，纯粹是过场。希望海粟兄不要上诉，免得遇到不讲理的人，吃他们的大亏。他们是极有势力的！再说像兄弟这样的人不多，还请三思！"

吴经熊说："我和郑先生反复商谈，不用此法，难以结案，一切请多多海涵！"

海粟同意用这种方式结案。

过了六天，法庭判决刘海粟罚洋50元。

这场喜剧从表面上说似乎已经闭幕，其实远远没有结束。几年之后孙传芳遇刺身亡，中国封建传统，并未随之消亡，另外一批军阀政客自觉地充当了继承者。

没过几天，扬州第五师范请海粟去讲学，同时谈谈模特事件，窗子上都挤满了听众，反应极为热烈。地方士绅唯恐惹祸，纷纷请求学校停止讲演，海粟只好怏怏返回上海。

入　京

1921 年 10 月，海粟给蔡元培先生去信，希望能有一次机会让他入京请教若干问题，顺便画些北国风光，拓宽自己的题材。蔡先生很快回复，请他去北大画法研究会讲学。到京后，海粟外出写生后，常把画作拿来请蔡先生点评。蔡先生还为海粟办了一次画展，并亲自起草了《介绍画家刘海粟》一文刊载于《新社会报》及《东方杂志》。

展览会的成功使 26 岁的青年画家海粟喜出望外。

蔡先生怕海粟生活有困难，又向德国大夫克里依博士推荐两张油画《天坛》和《西单牌楼》。大夫送酬金 150 元，在 20 世纪 20 年代的北京算是很高的润格。

由于蔡先生的推荐，高等师范又请海粟讲学。校长李建勋是留美学生，总务长经亨颐是金石家，老同盟会员，同蔡先生交情很深。海粟去高师上课，他们盛情接待，照顾备至。经先生也常去医院看望蔡先生，在一起谈心，十分投机。1928 年海粟去巴黎之前，经亨颐、何香凝等在上海海粟的住宅"海庐"创办"寒之友"画会。海粟去巴黎时，将"海庐"让给了经先生。屋里藏书也送给了他。

这次北上使海粟同蔡先生建立了很亲密的关系，从很多方面来说，是奠定了事业的根基。在人品上，蔡先生充分体现了两句古语："海能容乃大，人无欲则刚。"对海粟的支持和爱护，为后人留下了良好的影响。

1922 年，美专校董会的改组，蔡先生并不是挂名不问事的人，而是问得很具体。

1922年10月20日，他给海粟一信：

> ……群益书社出售德国人所印画片，弟欲为北大购入若干张，以备讲美学时展览之用。彼有大幅、中幅、小幅三种，拟以中幅为限。所选之画，需略备美术史条件，各时代、各派都有几张。如中幅不足，参用大幅小幅亦可，其总价以二百元为限。敬请先生代为选定。如先生无暇，请转托一位选定后，即由群益寄京。弟以款直汇群益也。烦神至感。

以蔡先生的地位和影响，对添购教具如何节省，想得这样周密，与那些大人先生们迥然不同，这对海粟起到了身教的作用。蔡先生还

《前门》（油画）1922年

《祖宗》（油画）1924 年

给海粟的国画《溪山松风图》题了白话诗，这在中国绘画史上还是创格。蔡先生能这样做，反映出他力求跟上时代的节拍，不抱残守缺。

海粟受北大校风影响，回沪之后，请了康有为、梁启超、蔡元培、章太炎、陈树人、沈恩孚、叶恭绰、章士钊、胡适、郭沫若、徐志摩等名人去讲学，成立了歌咏队，常常组织业余演出。对各种画风的教授兼收并蓄，不拘一家一格，有利于教学相长。

在京交往的画友当中，有几位是现代画史上应当享受较高地位而不太为人们注意的人物。这些人对海粟的艺术和学风，起到过有益的影响。

吴法鼎（1883~1924 年），又名新吾，河南人。21 岁考入北京译学馆，后送巴黎习法律，因不愿做官，改学油画，归国任北大画法研究会导师，兼北京美专教授，是阿波罗学会创始人之一。1922 年应海粟邀请来沪任美专教务长。吴先生所作的油画《雨》《雷峰塔》，曾经陈列于"上海洋画近作展览会"。因去京接家眷，劳累过度，患脑溢血病逝于常州火车上。

对成绩优良而又家境贫苦的学生免费条例，即由吴先生与海粟共同起草，条例执行近 30 年。

海粟北京个展，入口处所挂的全身油画像即李毅士所作。李毅士于 1907 年留学英国，读完了美术学院又习物理学五年才返回北京，执教美专兼任北大画法研究会黑白画导师。1932 年中华书局出版了他的《长恨歌画意》一册，三年才完稿，重印 9 次。他到上海美专后，继吴法鼎为教务长，深受海粟倚重。为人忠厚，艺术成就很高，可惜生不逢时，遭遇坎坷，1942 年 5 月病逝于桂林。

被齐白石称为"君无我不进，我无君则退"的陈师曾（1876~1923年），系名诗人陈三立长子，10 岁能作榜书，19 岁赴日本泓文书院就读，1922 年赴日办过画展，次年去世，年仅 48 岁。因别名"朽者"，吴昌硕篆"朽者不朽"来哀悼他。

《风景》（油画）20 世纪 20 年代中期

海粟离京，陈师曾绘杨柳，梦白添上八哥相赠，情溢画外。返沪后，曾邀师曾寄作品到南方参加天马画展出，书画皆有新意。

姚茫父（1876~1931年），28岁中过进士，再东渡留学，诗词很扎实，住在桃花庵，生前在北京画界盛称"姚陈"。任过清华大学教授，教过梅兰芳画画。爱国、忧民，好斥权贵，穷困而死。他擅长颖拓，能面对任何书体名迹，勾填成帖，不失原作韵律。在书法上精通《石门颂》《西狭颂》《郙阁颂》，所谈理法，对海粟有启示。离京之日，茫父为海粟绘菊花一帧，画迹至今犹存。

王梦白（1888~1934年）是个愤世者，貌似严厉，心地善良，因为厌恶校内钟声，宁肯来回多走路而不住美专。海粟去看他，但见墙上挂的画稿尽是猴子，姿态各异，便问他的创作动机。他说："北洋政府名公巨卿皆猿公同类，此辈冠盖满京华，我辈能不憔悴么？"他表里如一，直言不阿。他死无棺木，赖梅兰芳、陈叔通等为之安葬。传其艺术的弟子有王雪涛。海粟在他家认识了梅兰芳先生，终生友善。

良师益友

1924 年 4 月 18 日，徐志摩陪伴印度诗人泰戈尔到上海，上海名流宴请于功德林菜馆。海粟赴宴时晤见志摩与泰戈尔。泰戈尔欣然出示在杭州友人赠送刻有"泰戈尔"三字的图章一枚，并说："印度人一出世，头件大事就是取名，然后喂一点点饭，表示婴儿与社会发生了联系。我将去济南、太原、北京，同中国发生联系，十分愉快！"海粟很喜欢诗翁的风采，挥笔作速写像两幅，刊于《学灯》上。

后来，海粟又去沧州饭店访泰戈尔及志摩，畅谈甚欢。

1925 年 8 月中旬，海粟与黄炎培结伴入京，会合蔡元培、马寅初、陶行知、竺可桢、郭秉文，还有英国的柏达赫史德女士同车去所谓"模范省"省会山西太原，参加中华教育改进社年会。伙伴很多，谈笑生风，颇不寂寞。

雄伟的大地，贫瘠的田野，使海粟百感交集，便倚窗作速写小品一张，被柏达赫史德索去。后来，她将此作携至上海，请张大千的老师曾农髯题诗一首，带回英国。

陶行知看到海粟画得很带劲，便将一把折扇递到他手中，用手指指坐在对面的四川人，学艺社社长王兆荣先生，又做了一个画的手势。

领会了朋友的意图，海粟迅速画下王兆荣高额美髯的面影。"怎么题呢？陶公！"

"随便！"

《言子墓图》1924 年

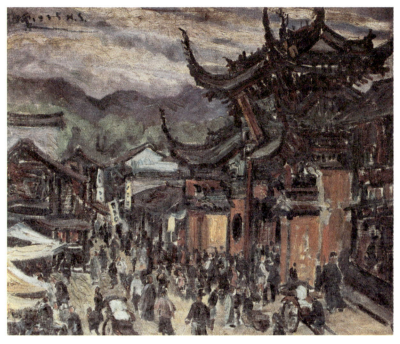

《杭州灵隐》（油画）1925年

"王先生的像画在陶先生的扇子上，好吗？"

"行，还有点白话诗的韵律呢！"陶先生欣欣然。

扇子画好，朋友们传看一番，连王先生在内，都乐得哈哈大笑。

"给我也来一张吧。"马寅初笑声朗朗。

"未必能传神！"

"不像也没关系，来吧！老友之间，用不着拘束。"

海粟手疾眼快，神速完稿。

火车过十多条隧道，到达太原市，下榻太原饭店。

会毕，乘马车上行50里去看晋祠。

祠内亭阁飞峙，还有号称周柏、唐槐的古树，枝柯郁勃，碧影交错，老而不失天娇之姿。只因集体活动，匆忙间不及留下画稿。

使海粟难忘的是参观祭祀虞叔母亲邑姜的圣母殿。这是国内指可数的宋塑女像。圣母妙像庄淑，雍容俊秀，两侧四十尊女像，脸上表情，无一雷同，或笑谈，或私语，或执刀捧印，极为传神。

路过北京，小住了几日。

秋老虎已去，北方早寒，高仁山教授和夫人陶曾谷两次到西长安饭店来探视海粟。高夫人还日夜兼程为海粟缝成夹袍一件，怕中途天变受寒。

仁山和查良钊（高等师范学校教务长）合办了一所中学，旨在掩护革命者。他们请海粟去讲演一次。海粟作画四帧，送学校留念。

这件夹袍海粟保存了很多年，一直穿得很旧，还放在箱子里。因为这番晤面便是永诀，两年不到，李大钊光荣牺牲，仁山也随之蒙难。刑前镇定自若，高呼"中国解放万岁，共产党万岁"，连中三弹才停止呼喊。

中学同时遭到查封，那四幅画自然成了殉葬品。

热心为友

海粟从山西回到北京，正在屋里整理从山西携回来的画稿，徐志摩兴冲冲地闯进门来叫道："饭店不是作画的地方，到我们那个小庙里去住吧，比这儿安静多啦，说走就走！"

海粟拗不过主人的盛情，迁入了志摩居住的松树胡同七号。

当时徐志摩的老师梁启超先生担任清华大学导师，常到志摩这里来打几圈麻将，休息一下神经。

海粟见到梁先生，说起一件旧事。1922 年春天，海粟在北京高师讲学，梁启超和经亨颐都坐在主席台上，使年轻的刘海粟思想很紧张。古人说过："崔颢在上，李白不敢题诗。"海粟自知无李白之才，而梁先生拒绝袁世凯 20 万两银子，发表《异哉所谓国体问题者》，清名高于戊戌变法时期。抱着说错了可以请梁先生纠正的想法，语言又比较畅达了。两月之后梁先生去沪，海粟请他到美专讲学三次，题目是《美术与人生》《达·芬奇之生平和艺术成就》《论创作精神》。他还为海粟写了两副对联，今存一副。

"刘先生，在上海美专历尽艰辛，愧我名为校董，并无建树，很感到不安。我们同游康师门下，今日相遇，不必见外！"梁启超很客气地说。

"梁先生是前辈学者，论学问是我的老师，说到同门，使我惭愧！"海粟有些不安。

"有新作吗？拿出来欣赏欣赏。"梁先生把话题转到绘画上来，以减少海粟的拘束。

海粟拿出几张中山公园和山西的写生，恰好志摩、胡适同时走进，就一起评论起来。

"古柏笔力遒劲，不亚于去年你寄给我的《西湖南高峰》！"梁先生称赞道。

"这画有中国画的气韵，色彩明快，炽烈。我喜欢米开朗基罗和罗丹的雕刻，因为有力的美。海粟这几张东西有力度，好啊！"志摩在凑兴。

梁先生将画放在条桌上，后退几步，眯着眼睛看，有点吃力。露出了老态。

"隔壁屋里有一套画具，是王梦白、姚茫父先生留在这里偶尔来作画用的。能给我画张竹子吗？"梁先生用商量的口吻说。

海粟画了一竿墨竹，两片嫩叶，寿石小草，伏在竹下，心里并不踏实。

梁先生看了，立刻提笔写上"孤竹君之二子。"

来打牌的蒋百里、蒋复璁也一起叫好。

客人散去后，只剩下志摩和胡适之陪着海粟。

"海粟！我们陪你去看看陆小曼。你到了北京，不去看看这位漂亮人物，将来要感到遗憾的。她也会画，英文、法文都好。前两年外交部的舞会少了她，男女宾客都不高兴。她又会唱京戏，梅派味道十足！"

"适之！真像你形容的那样美？"

"没有人比得了她。"适之语气更肯定，"不信你问志摩！"

"是很美，而且很懂得情感。"志摩回答得不那么自然，两眉皱着。海粟对这个表情印象很深。

于是，他们便一同去看望陆小曼。

1920 年陆小曼奉父母之命与王赓结婚。王赓，清华出身，先在美国普林斯顿念哲学，后入西点军校，1919 年顾维钧担任北洋政府出席巴黎和会的代表，王赓任少校武官。

这对夫妇常常与志摩一起看戏、跳舞、郊游。北洋政府任命王赓为哈尔滨警察厅长，赴任后小曼住在娘家，志摩经常进进出出，风言风语随之而来。志摩为了斩断情丝，便于 1925 年 2 月去柏林。不久儿子彼得夭折，志摩十分悲伤，7 月份接小曼病重电报，急忙赶回北京。这时两人已是相见时难别亦难了。

这夜，志摩将恋情和盘托给海粟。他说小曼已提过离婚的事，父母、丈夫都坚决反对。小曼日夜彷徨，无计可施。海粟听后久久无言，徘徊了一阵，对志摩说："陆老太太跟我还有点瓜葛之亲，老两口那边我可以疏通。王赓是聪明人，懂得没有爱情的包办婚姻只能带来痛苦，你可以直接跟他通信，也许他会同意离婚。"

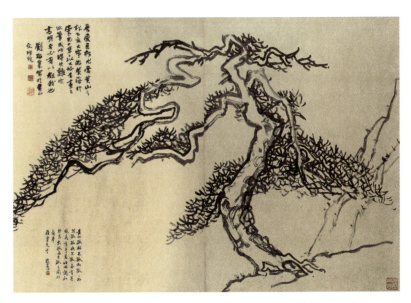

《黄山孤松》1935 年

第二天，胡适来看海粟。他怕志摩受到重大刺激搞垮身体，提出："中国像志摩这样的人才太少，万一为恋爱而毁掉，实在太可惜。小曼是太可爱了，这也难怪志摩啊！她的日记，简直是散文诗，志摩拿给我看过。"

"梁任公先生对这件事有何意见？"海粟想多方听取意见。

"一点也不赞成，所以苦了志摩……"

"你对小曼有什么看法呢？"

"别问我。一切要想到诗人！"胡适握着海粟的手。

"适之，我了解你！你是志摩的好朋友。你跟任公先生通个关节吧？我上陆家去看看。"

海粟自小曼家里回来，屋里面很热闹，胡适之、志摩、茫父、梦白围成半圆圈看诗人闻一多给梁任公画像。

"海粟也来一张速写吧！"志摩出了题。

"我画得不好，你快动手！"一多也在催促。

"梁先生累了，不画了！"

"画吧，不要紧！"任公喷出一圈圈青烟，颇有兴致。

海粟画得很奔放。下巴方厚，嘴唇突出，眼角略带笑纹，真挚，持重，刻画出任公的个性。志摩将画像寄到《上海画报》刊出。

应任公之约，海粟陪他去天津玩了几天。在车上，他勉励海粟治学要专，用自己的诗现身说法："我辈病在博，用时浅且芜。"以证实王船山的名言："才成于专而毁于杂。"

梁先生又讲到谭嗣同壮烈牺牲的经过，流下热泪。谈及在讨袁战役中，途经越南，在一牧场卧病的经过，认为自己学养不足才怕吃苦，只有天天吃苦，习惯之后，方能在至苦中求得至乐。这些诤言，给海粟不少启迪，晚年在"文革"中体味过。

《高庄写生》(背面) 1925 年

海粟一行三人离京,送行的人有志摩、胡适、陶孟侃、闻一多等人。小曼眼睛都哭红了,装出笑脸,与亲友话别。志摩默然,久久望着海粟,寄以厚望。

海粟到家第二天,志摩也跟踪而至,住在海粟寓所。两人彻夜长谈诗画、国外生活,更多的还是志摩对小曼的迷恋。志摩用英文给王赓发过长信,现在如同待判之囚,心绪忐忑不宁。

经过多次奔走协商,第三天海粟在上海素菜馆功德林宴客。赴宴者有王赓、志摩、小曼、陆夫人、张君劢和号称"上海陆小曼"的天马会会员唐瑛,还有唐瑛的哥哥腴庐、未婚夫、宁波富家子李祖法和迷恋唐瑛,已同夫人闹翻又没有希望离婚的杨杏佛。这种错综复杂的人物关系近乎戏剧。

席间海粟侃侃而谈:"爱情是人生一翼,可佐事业飞腾。爱情是道德的镜子,道德不是封建说教的伦礼纲常,而是维护人类平等博爱自由的良心准则。没有爱情的婚姻只能是金钱权势门阀虚荣的牺牲品。离婚的出现并被社会法律承认,不认为是悲剧性行为,原因是它能结束无爱情的婚姻,所以符合道德。各位好友,如果你们当中谁同谁结婚，我愿为爱情干杯，如果谁同谁离婚，我也希望离了婚还是好朋友，我也为友谊干杯。"

每个人听了这番话都很高兴，自然是各取所需。

想不到宴会为志摩打开了僵局。

王赓在宴毕私下向海粟表示："我虽舍不得小曼，但愿她幸福。她嫁志摩，两人都是艺术型人物，一定珠联璧合。我一是祝福，二是决不妒忌，三是愿终生同志摩小曼为友，需要我帮忙的事，勉尽绵薄，决不推辞！海翁兄能替许多朋友考虑，我也感动！"

"你做得对！男女都有独立人格，互相尊重！"海粟尽力安慰他。

"一二·八"淞沪战争期间，王赓携机密地图去理查饭店访友，被对面日本领事馆所俘。有人疑他挟军事秘密投敌，报纸哄了一阵，并无其事。1942年赴美经开罗时病故，葬于英军公墓。

《国色天香》20世纪40年代初

志摩与小曼在北京北海订婚时，祝贺者有邓以蛰、丁西林、陈源和凌叔华、梁实秋等九十人左右。

徐申如讨厌小曼，向儿子提出三条：婚费自筹，婚后回故乡硖石隐居，要梁任公证婚。第一条有朋友支持，第二条是两人的事都好办，唯要任公证婚一事最为难办，幸亏胡适、张彭春苦苦央求，才算如愿。交换条件是要志摩当众接受一次严词训斥。大家只当任公是开玩笑，并未当真。

1926年10月3日举行婚礼，任

公在满堂宾客面前脸色铁青地说开了："徐志摩，你这个人性情浮躁，所以在学问方面没有成就！你这个人用情不专，以致离婚再娶……以后务要痛改前非，重新做人！你们都是离过婚又重结婚的人，要痛自悔悟！祝你们这次是最后一次结婚！"

男女来宾，惊惶失色。在世界师生关系史上，堪称是奇特的一页。不是任公，谁肯这样爱护志摩？不是志摩，谁配接受任公这样教诲？无怪乎海粟一谈三叹，多次当作活教材告诫后辈了。

志摩婚后回家乡硖石居住，曾请海粟到他的故乡去做客，但没有去成。海粟为小曼画的像也未完稿。志摩、小曼生活日感拮据，1928年秋天，海粟专门去找了中华书局负责人陆费逵（伯鸿）说："志摩人才难得，编《晨报副刊》很有名声，在读者当中有影响，能请他编一套文学丛书吗？"

"每月送200块编辑费，在家看稿，不必来上班。"陆费逵深表同情，慷慨答应。

海粟去巴黎后，收到过志摩这样的信：

> ……伯鸿夏季患痢，乃积劳所致，近来稍好。此公真热心肠人，我敬之弥笃。中华新文艺丛书，我为收罗稿本已二十余部，但皆未印得，转瞬满年，成绩一无可见为愧，然非我过也。明年此职至盼得赓续，兄如函伯鸿，乞便为道及。上半年幸兄与鸿公惠助，得坐享闲福许久，感念未可言宣。但中华总当尽力，选书至慎，决不让做亏本生意也。

东　渡

北伐战争中，上海美专在艰辛地支撑着，学生坚持读书，教职员各执其事。菜市路离闹市较远，比较安静。

1927年4月初，白崇禧所属部队开进上海，陈群、杨虎得到扶持，杜月笙，张啸林等人利用流氓，组织"共进会"，大搞白色恐怖，杀害了许多革命志士。工人们在西门公共体育场集会，惨遭军警镇压的场面，恰好海粟同王济远去美专时亲临目睹，真是惊心动魄。两人逃入租界后，王济远提出要去日本，海粟表示支持。他们在忧愤中道别。

海粟回家，看到郭沫若4月11日自汉口寄来的信：

> 海粟老哥：
>
> 我们好久不见面了，今天看见这信，一定很惊异。我求你的是请你做保人，将政治部在沪被扣的人员保出来。
>
> 被扣留者本十九人，前方已允具保，有的人已恢复自由，唯尚有八人，因在沪乏亲故，以致尚未能出来。此八人者为许幸之（此人系你的学生）、孙鸿荣、范少圃、周毓英、陈文剑、张尚武、熊玉书、汤用彪。务望设法，或由兄出名，或另托沪上友人具保，使他们早日免去缧绁之苦，则不啻感同身受也。
>
> 祝你这个叛徒愈朝"叛"的一方面走！

海粟多方打听，没有下落，很担心这批人被装进麻袋，沉入黄浦江。他又找到徐朗西，帮着奔走几天，方知这八人下船不久即被军队关进监狱。海粟、徐朗西二人出面去保,范少圃的家属花过不少钱去疏通,又请宋庆龄先生出面讲情,才全部获得释放。

国民党市党部改组不久,"四一二"的血光笼罩全国,陈群、杨虎宣布通缉"学阀"章炳麟、袁希涛、郭秉文、黄炎培、刘海粟等十五人。消息公布后,黄炎培非常关切,托人到美专和刘宅打探海粟近况。海粟也在寻找黄先生,商议对策。

在英租界一座偏僻的三层楼上,海粟与黄先生见面了。黄先生指出,目前的上海很不安全,大屠杀越来越疯狂,教学、作画皆不可能,故劝海粟东渡日本,否则万一出事,对蔡元培先生难以交代。显然,蔡先生要黄先生多多照拂海粟。

是夜海粟居于租界,次日回家取了几幅旧作,携带一只简单的小箱子和少量旅费,就乘船去日本。

东京街头,张善孖开画展的广告还很新鲜,举办单位是日华协会。海粟估计到那里可以找到张先生,也可能问到王济远(他已在半月前东渡)的下落,果然一切不出所料。

异国相逢格外亲热,善孖和济远留海粟在日华协会小住几日,松弛一下身心,然后作些画,准备展出。

济远的友人井土灵三粗通华语,常到日华协会来,见到海粟在闹市作画不够安静,就在井之头公园附近找到一所窗明几净的小房子。这里远离闹市,离公园又近,抽空散散步,对身体和作画都有利。济远、善孖和井土灵三将海粟送到了新寓所。

海粟到街上买了些纸笔,除去三位友人来谈谈天外,整日伏在案上挥毫作画。

公园缺少天然美景,但几座人工假山,水气缭绕的喷泉和姹紫嫣红的花坛也可使人得到美的感受。海粟躺在草地上,仰看浮云飞渡,

《风景》（油画）20 世纪 50 年代　　　　　　《风景》（油画）1953 年

　　或背着手穿过树林，偶尔深呼吸，很能激发作画兴趣。异国风光，也不免勾起乡愁。娇妻稚子、美专师生、画坛良朋以外，最关心的还是祖国处于高压政策下乡亲父老的存亡，仁人志士的安危。

　　报纸和侨胞当中传来的消息，都证实了"四一二"之后，人民还在流血。

　　一个月后，《朝日新闻》社的美术记者登门来访，看了海粟新作的国画，甚为倾倒。他说："我曾在北京见过你的油画展览，印象很深，没有想到你的国画也画得很有功夫。"

　　海粟认为两种画所用的工具和技法虽然有异，但精神是有相通之处的。比如石涛的创作实践与塞尚、凡·高、高更有一致的地方。海粟举了些例证之后，记者邀请他到《朝日新闻》社作一次《石涛与后期印象派》的讲演。海粟答应了记者的邀请。

　　这次讲演用了两小时，从生活的提炼方式、作品表现方法等几个方面，论证了石涛在二百多年前就发现了塞尚等人后来所探索的奥秘。

　　听众很拥挤，讲演由井土灵三做翻译。听讲的人中有十年前在上海结识的石井柏亭，前次东游结识的小室翠云、滕岛武二。他们都是日本绘画界的著名人物。小室翠云在南画界地位仅次于竹内栖凤，他称讲稿为"20世纪东方最伟大的画论"，译载于他所主编的刊物《新南画》上。他还为海粟画了一幅兰竹，海粟回敬他山水一帧，两人结下了很深的友谊。

小室翠云邀请海粟到他所居的宏文院去做客。这座庭园的布置带有苏州园林的特色。藏有大量古书，充溢着中国传统文化的气氛。主人会写汉诗，对中国古代画论及名家名作，有很深的研究，两人谈论很投机，办画展的事也得到了小室翠云的大力支持。

海粟的画展在东京《朝日新闻》社内展览大厅展出。开幕式很隆重，柳亚子夫妇、王济远、张善孖及日本文化界名人都到场祝贺。

两天之后，作品被观众订购三分之二。

皇室订购丈二巨画《泰山飞瀑》，藏于国家美术馆。天皇岳父久尔宫邦彦购藏《月落乌啼霜林寒》。文部大臣青浦奎吾子爵购藏《峦树草堂》，画上有王一亭及滕固的题跋。河野正义购得《彤云素羽》。天皇赠海粟银杯一套。

小室翠云约海粟、井土灵三同去日观游览。此处的瀑布不大，气势不及贵州与黄山的飞瀑，但别有风味。次日到了箱根长兴山庄。这是小室翠云的别墅。乔木高耸，绿翳荟郁，小桥流水，与宫廷建筑搭配得不尽协调。家具上罩着黄绫绣花套，红色榻榻米古色古香，雍容华贵。一批门客，衣着考究，举止恭谨，就餐时，每人身后跪着少女侍奉，真够奢侈的了。

海粟在青浦奎吾陪同下，来到住在东京郊区的收藏家山本悌二郎的别墅。主人未见，青浦先约海粟同浴温泉，换上便服后，游了后园。这里曲径幽邃，花木扶疏，十足中国江南园林趣味。观瀑时，糖商出身的工农大臣山本悌二郎身着长袍马褂，头戴红绫瓜皮小帽，摇摇摆摆从花间走出，纵声大笑道，"这样迎接你，更像在中国吧！愿你宾至如归，品味一下中国十种名酒。"

主人懂得鉴赏中国古画。日本出版的《中国山水图录》一书中，压卷的李昭道《金碧山水图卷》就藏在山本家。《名画宝鉴》一书中也收入了他的珍藏品。这两部书在日本很著名。

宴会结束后，主人拿出董其昌等人的作品80件，请海粟欣赏。其中有原藏李平书家的古画，也经商人之手，流到这里来了。当年，这类使人痛心的事太多了。

接着，又将罗丹的素描，塞尚、凡·高、高更、马蒂斯的原作，展示在客人面前。山本悌二郎自豪地笑着。

1927年7月上旬，海粟去西京见到桥本关雪，在他的东山别墅住了几天。临别，他握着海粟的手说："我多么希望做个中国人！"他几乎每年都要到中国来看名山大川。吴昌硕老人曾题过他的画，"若再挥毫愁煞我，恐移华泰入扶桑"。他对中国的爱是很真诚的。

蔡元培就任大学院院长后，函催海粟返国。海粟依依不舍地与友人告别，登上驶往中国的海轮。

第二章 | 旅欧游学

充满浪漫与梦幻的法国首都巴黎，是全世界艺术家向往的圣地。一九二九年二月，经过一个多月的海上颠簸，刘海粟携妻子张韵士来到了这里。

初游法国

1929 年 2 月，在蔡元培先生的帮助下，海粟以驻欧特约著作员的身份，赴欧洲考察美术。这是他艺术生涯中一个重要的转折点。

1929 年 3 月 15 日，船抵法国第一大港、第二大城市马赛。海粟在张弦的陪同下，乘汽车游览了市容，参观了博物馆，又坐电缆车上山游览圣母院。这里的殿堂藻井都以宝石镶嵌成图案，有高卢民族特色，多少也融入了希腊罗马的古风。海粟登上院塔绝顶，四角粗大石柱皆刻成人体，塔刹是一尊金色的圣母像，凭险凌风，十分巍峨。远眺大海，其色深蓝，浑茫无涯，近看脚下，灯火星列，行人如蚁，心旷神怡。

海粟由马赛坐了一夜火车，早晨 8 时到达巴黎，住在拉丁区莎蓬街十八号老伦（意译是大学文科）旅馆，租事安顿，便给《申报》匆忙写下一篇印象记，接着就去参观美术馆。

自卢浮宫沿塞纳河至凯旋门，长数里，是历次博览会的旧址。大宫玻璃瓦，穹顶矗立，异花奇树环护，春秋两季沙龙，就在此展出。小宫与大宫对峙，门临千步草坪，圆穹金顶，熠熠生辉。中间著名雕像罗列。两宫前有亚历山大石桥，宽 20 丈，雕刻精致，皆出名手，缕云裁月，顶上置金色飞马，金色骑士像跨鞍举手，作引吭高呼姿势，像高丈余，仰观眩目。

海粟去看了春季沙龙，乃政府官办，布置富丽堂皇，举世罕匹。展出的绘画作品有 43 室之多，塑像打动海粟的只有朗特司基所作俯首沉思的女神像。此像高洁出尘，底座高 2 丈，展毕移于塞纳河畔，供游人观赏。

海粟住下不久，前一年来法留学的刘抗、陈人浩、邱世恩来访，以后常常往来。1929 年 9 月 28 日，他们向海粟谈到秋季沙龙的作品如何出色，海粟心血来潮，他与大家商议一阵，便选出油画《前门》（署名H.S.Bai），于次日冒雨送至大宫应选。这时已有很多人排着长队呈送作品，一小时后才填上志愿书，还交上了 75 法郎。他颇自悔孟浪，不该参加这毫无希望的竞赛。

秋季沙龙始于 1903 年，创办者夏丹当时被视为狂人。他利用地窖陈列展品，后来马蒂斯、特朗、凡·东根、弗拉芒克等野兽派画家也加入进来，标榜创新，经过二十多年的惨淡经营，终于成为欧美画家，以能使自己的作品参加展览而感荣幸。

10 月 20 日下午 3 时，海粟去卢浮宫临画回来，接到了作品入选通知。30 日下午，海粟夫妇经过蒂勒里花园、龚古尔广场直奔大宫。

进入大宫，观众极多，但秩序肃穆井然。海粟看到的第一幅画是《某夫人肖像》，凡·东根作。乍看无奇，细细欣赏，巴黎妇女的妖娆，欧洲人的气质，化作神秘的魅力，像无形的手拉住观众，使人迟迟不愿离开。再进去是马蒂斯的海景，蓬那的小品，特朗的人体，马尔盖的三幅风景。女画家马伐尔十足男人气的画，都虎虎有生气。

海粟看到了自己的画吸引着几位法兰西人，附近还有日本画家石井柏亭的油画，内容是四个人在阳台上饮酒看野景。

海粟心情很激动。到达巴黎之后，一个声音常常在身边提示他：名利欲可以刺激一个人的创造力，也可以使人变成贪婪无厌的动物。巴黎是天才成长的摇篮，也是毁灭天才的地狱。毁灭的方式不光是穷、苦、病、冷漠、孤独，也包括对荣誉、金钱的追求……

1930年，刘海粟（左）与夫人张韵士及傅雷合影

海粟到巴黎不久，经一位无锡人顾先生的介绍，认识了比自己小12岁的傅雷。

傅雷，字怒安，上海浦东人，父亲24岁便患肺病去世，家境清寒。从1921年起，在徐汇中学就读，成绩优异，因为反对宗教迷信，被校方开除，后考入大同大学附中念书，近年来赴法深造。每天上午6至9时，他来教海粟夫妇学法语，非常认真，很快和海粟成为知己。

他们曾十多次同去莫奈故居，看八幅组画《睡莲》。画分两组展出，每幅画宽2丈余，高1丈，四幅即挂满一室。画面垂杨飘拂，云影岚光浮掠水面，清气沁人。画家用色精确，尤其善于表现反光，即使阴影部分敷色也很富于变化，受光部分，更是光彩夺目，表现出莫奈的观察力。海粟对另一组画《里昂大教堂》也认真研究过。这一组画有五幅在卢浮美术馆，故居陈列了近十幅。

傅雷同海粟一起研究画中教堂石块在不同时间的表现手法，想象作者的甘苦，不觉相顾惊叹。后来，海粟也喜爱反复画一个对象，在普陀、黄山、泰山、瑞士、巴黎，都有这类作品。他画的《威尼斯之夜》，莫奈笔触的韵律感，在画中有所表现。

海粟在 5 月底和 6 月初，两次看写实派大师库尔贝纪念画展。法国统治者在大师生前对他横加迫害，先判刑，后改为巨额罚金，致使库尔贝流亡国外，贫病交迫而死，现在从德、英、美、瑞士、瑞典、挪威、匈牙利等十多国借来遗作，汇集展出，真是历史的讽刺。海粟最爱《石工》描绘的劳动场面，人物突出，栩栩如生，表达出画师对贫苦工人的同情，另一宏伟之作为《奥南的葬礼》，大部分人物穿黑衣，冷漠中见世态。画面色调沉郁苍凉，使海粟服膺。

海粟几次与颜文梁、刘抗、傅雷同登埃菲尔铁塔，俯瞰巴黎全景。塔高 300 米，原重 7000 吨，1789 年 3 月 1 日完成，由"钢铁魔术家"埃菲尔工程师设计。塔为纪念法国资产阶级大革命一百周年而立，原定于 1909 年拆除，后来要架设无线电广播天线，才使铁塔免于粉身碎骨之灾。海粟、颜文梁都曾画过这座铁塔。

海粟初到巴黎，便画了《塞纳河大桥》《阿拉伯人》《玫瑰村落日》《花》《玫瑰村之秋》等多幅油画。他

与何香凝合作《三友图》1930 年

《向日葵》（油画）1930 年

在巴黎多次遇到何香凝先生，与她合作过几幅画，至今存有《松竹梅图轴》和印在画册中的《瑞士勃朗崖风景》。

这年 5 月，全国第一届美展在上海开幕，海粟展出的作品有《龙华之春》。

1931 年 6 月 21 日，海粟与傅雷同去奥维访问了凡·高和高更的故居。小楼耸立在高坡上，主人卡休大夫已殁，其子保罗向他俩叙述了其父与毕沙罗、塞尚、高更交往的情形。屋里放置着德拉克洛瓦的素描，毕沙罗与雷诺阿的小品，楼上有凡·高为卡休父女作的肖像。父亲戴着白色便帽，身穿蓝色大礼服，长可及膝，双手淡肉色，钴蓝色背景。他倚在红色桌子上，桌子上有一册黄色的书与一盆紫色凤仙花。女儿身穿红衣，背景绿中呈现橘黄色调子，红地毯、绿花、深紫色钢琴。父女的表情都有些忧郁。

这里，大地如海，伸向天际，土色微紫，绿禾涌波，天空紫中透蓝，树梢一片粉红，难怪塞尚、凡·高、高更都在这画了好多幅风景画。

海粟与傅雷还去凭吊了凡·高的坟墓。从海粟创作的《向日葵》中，可以看出这次访问的影响。

海粟在巴黎时，曾两次去看望过马蒂斯。在马蒂斯 60 岁大型展览会上，约定海粟 1934 年作一次展出。马蒂斯在家中款待海粟和傅雷。他们谈到埃及和日本的绘画，宾主尽欢而别。

海粟还见过毕加索、凡·东根、特朗等大画家。同野兽派画家们交流过用原色作画的经验。海粟介绍了中国画的线条。他们在追求色彩的单纯、响亮、明快方面，有很多共同的语言。

海粟每天去临画，开始孩子刘虎也跟着去，后来觉得长此下去要荒废学业，但孩子又不会法语，不能进小学，后来海粟请了一位奥格塞夫人来教法文，她建议把孩子送到乡下，和父母离开，这样学习法语比较容易。海粟夫妇都同意了，便乘火车把刘虎送到奥格塞夫人介绍的一位 60 岁的老人那里。他正在教十多个法国孩子学习文化课，就像中国私塾似的。老头耐心而慈祥，收了一个中国孩子作学生，使他很是高兴。多年之后，刘虎考入了东方留学生很少的军事工程学院。

海粟夫妇从乡下回来，当天晚上曾仲鸣和方君璧夫妇请海粟和张韵士同去参加茶话会。海粟匆忙赶到曾仲鸣住的蒙拜罗纳斯。他们家有一个很漂亮的画室，里面的布置和设备可以说是头等的。海粟当时甚为羡慕，心想，如果我能有这样一个画室，真是什么问题都解决了。

大约是 4 月间的一天，在卢浮宫门前的广场上，挂起了日本国旗，下面还有一幅很醒目的标语。日本政府在卢浮宫前面的外国作家博物馆内，举办日本绘画展览会。

日本绘画展览会开幕后，震动了巴黎艺术界，一致认为日本绘画达到了世界艺术高峰。咖啡店、饭店都在谈论着这次展出。海粟与留法同学听了，尤其是学画的同学听了，无不难过。海粟在咖啡店同几个留学生谈论要组织中国留法学生美术协会。第二天海粟找到了中国驻法公使高鲁，邀他同去参观日本画展。他看到人家布置得如此堂皇，宣传如此不惜资本，已经有所感慨了，在看画时海粟又一一给他指出，这是学的中国什么派，那是学的中国某一家，并将自己对展览会总的看法也同他谈了。这种直观教育，作用很大，高鲁本来是一个对艺术完全不懂的人，现在他也觉得留法同学有组织美术协会的必要了。海粟同他商量后，第三天在使馆召集了一个茶话会，商讨如何筹组旅法艺术协会，并推高鲁、刘海粟、汪亚尘、方君璧、张弦、范年等12 人为筹备委员。后来海粟写信给蔡元培和教育部蒋梦麟，又写信给文化基金委员会，要求给予支持。其他人都没有回音，只有蔡先生复了信。他认为在国外宣传我国文化，非少数人的力量所能办到，以后要看机会才行。虽然这次没有实现留学生们对外宣传中国文化，在欧洲各国举行画展的计划，但却成为后来在德国举办中国现代绘画展览的先声。

自从留法中华艺术协会组织起来以后，来的客人更多了。海粟每天上午6时至9时学法文，9时后去卢浮宫临画，下午在格朗休米亚画院选修人体和速写，晚间还要给《申报》写《欧游随笔》。每天不等他从格朗休米亚画院回来，就有许多同学坐在家里等他，有时一谈就到12点，甚至到了凌晨1点，这样，不但影响了身体健康，而且非常妨碍他的进修和学习。几个关心海粟的朋友，劝他搬到郊外去住，留法中华艺术协会的事，可以预先订出一定的时间，在咖啡室与大家交换意见。这样，海粟便在乡下找了一间房子，房主是一位七十多岁的老建筑师，家里只住着他和看门的一对夫妇，空房间很多，海粟租的一间，家具也是房主的。早晨海粟夫妇乘地铁去巴黎，房间就交给看门的。

巴黎的美术学校，对法国人的要求是很严格的，无所谓几年毕业，初进去画素描，达到了标准以后才能升一级，素描够了标准才能画油画。可是对待外国人则非常马虎，因此许多在巴黎学画的日本人、意大利人、英国人、美国人等都不进巴黎美术学校学习，而是自由地选择画院从事研究，不但美术如此，文学也是一样。当时张作霖的大将杨毓珣，在巴黎大学攻读文学，论文是海粟给他写的中国画史，得了博士学位回国。傅雷他们没有进学校，却学到了真正的本领。

格朗休米亚画院位于14区。校舍是一所古老的楼房，广阔的院落蔓草丛生，左面是一个雕刻工作室，后边有一个画室，楼上也有两个大画室。每天从上午一直到晚上，不断有很多艺术家分批到这里来画画或做研究工作。这里不分人种，不分国籍，大家都在辛勤地学习和工作。

海粟每天下午或晚间去这里学习，楼上的速写室是他经常工作的地方。那里常年雇着两个模特供人绘画。这里的裸体模特可以自由活动，不似通常所见到的都是固定的姿势。通过观察模特的不同动态和肌肉的变化，锻炼了海粟的眼睛，培养了他能迅速抓住人体动势和肌肉形态而准确表现出来的能力。

绘画不只是再现人的外表，而是通过外形的刻画，表达内心世界。这样所画的人物格外生动有力。有时海粟也拿墨笔去画速写。在这里每天都能和各国有相当水平的画家在一起互相观摩，互相学习，收益很大。入院作画手续简便，每天买一张票就可以进去。管理的人只有一个老妇人，画室却收拾得井井有条。作画完毕，可按自己的号码将画具放进橱子里，不必带来带去，非常方便。海粟除了去旅行以外，绝大部分下午都在这儿度过。

海粟一连几日，都在巴黎拉司巴伊大路的画廊里观摩马蒂斯的素描和油画。这对他后来的画风，尤其是对原色造型能力的追求方面，有着深刻的影响。他在《欧游随笔》中写道："这位欧罗巴第一天才60寿辰的时候，我竟直接细味到他的大部杰作的精义，真是平生第一快事！"

马蒂斯曾在咖啡馆对一位中国青年画家说过："假使画一个少女的躯体，第一要使她优美，有意义，其余的事便从这上面生出。依着主要的线将那躯体的意味尽量地表现出来。骤然看去，表面上没什么魅力，但是在形象内部，有比人间更大的魅力渐渐进入观众心中……"

对马蒂斯油画技法的适当吸收，并未淹没海粟作品的东方气质。他画的油画仍是民族的，具有浓厚的乡土情调。1930年他第二次出品秋季沙龙的《向日葵》《休息》，

《巴黎之冬》（油画）1931年

出品蒂勒里沙龙的《森林》《夜月》《圣扬乔而夫之陋室》《玫瑰村之初春》，翌年展出的《巴黎圣母院夕照》《绣球花》《静物》以及在比利时画的《鲁文教堂》，都是东方精神的表现。

1930年4月25日，海粟与刘抗、陈人浩、刘虎自亚来齐亚乘地铁离开巴黎，到圣克罗换乘电车，10时半到达凡尔赛宫。凡尔赛宫自1624年法王路易十三开始建造，历年增修，法国人常誉为"世界第一王宫"。门口白石铺地的广场上，有路易十四骑马铜像。进入皇宫，长廊上陈列着历代帝王的雕像，大都神态傲然，摆出一副超凡入圣的架势。这是宫廷艺术的通病。

吸引海粟的是大卫画的拿破仑马上授鹰式。皇帝身着红衣，举双手，作演说姿态。周围人物数十，各持鹰头旗，恭顺而立。还有许多历史题材的大油画。如拿破仑会见俄皇亚历山大、1789年法国资产阶级大革命等等题材，许多场景都很逼真。对于德拉克洛瓦所绘法国人征服摩洛哥的巨油画，海粟在技巧上虽很倾倒，但对选材上却有些反感。那样地屠杀弱小民族，绝不是法国历史上的光荣。

巴黎个展

1930 年，刘海粟（右）与滕固在比利时首都布鲁塞尔

海粟的临画更加用功了。他向巴黎市美术馆管理局写了申请书，并递交中国大使馆的保证书，要求临摹十张古典名画，取得了摹写证。除去星期日之外，每天上午9时到下午5时，他都处于紧张的工作状态。

来馆摹画的人很多，从白发苍苍的英国教授到风度潇洒的黑人姑娘，组成了一个无形的美术学院。大多数人是为了学习技法而来的，也有的人临摹画然后带回本国做教具用，还有技巧颇高的无名画师，专门替大博物馆复制名画来谋生。海粟同他们相处得很好，常常在一起研究技法，评论所临作品的优缺点，互相帮助，互相学习。

海粟临的第一张名作是法国19世纪浪漫主义画家德拉克洛瓦的《但丁渡舟》。画虽已经老旧，但依然很有光彩。但丁绿衣红帽，由古希腊名诗人《牧歌》作者维吉尔陪同，在波浪滔天的大海中泛舟。但丁神情紧张，眉头微锁，水中有好多个亡命者在呼救。临此画之前海

1930 年，刘海粟在瑞士

粟曾见过很多印刷品，似乎很熟悉，可一旦临摹起来，几乎每一笔都要经过认真思索才能画下去。夜间他和傅雷同坐灯前，翻阅德拉克洛瓦的日记、书信、论文和好几本传记，努力探索画家创作这幅画时的思想感情，以便在临画中加以体验。

光轮廓就起草了五次，画面人物的部位稍欠精确，就老老实实地返工。海粟把梯子靠在画子的旁边，上下数百次，总算起好轮廓。

整整三天时间，他屏气凝神，呆坐在原作的面前，摩观画面整个调子的处理方法。又花三天工夫专门观摩别人临画，直到胸有成竹的时候，才一气铺好大调子的色块，准备下一步作精雕细刻。

细部才画三天，由于神经太紧张，海粟病倒了，失眠、头昏、恶心、无食欲，乍寒乍热。他休息了三天，又一鼓作气地画了起来。每天中午若不是天天给海粟推画架的残废军人的催促，他常常忘记了吃午餐。有两回是这位法国人买来长形面包，送来开水，海粟草草就餐的。

经过三个月的辛勤工作，海粟复制的这张名作终于完成了。他感到比较满意，可是等到两年后即将要起身回国的时候，他又感到人物不够传神，便又打通关系对着原作又重新进行了加工。几位法国同行对他的这种一丝不苟的精神深表赞许。

接着又临了德拉克洛瓦的另一佳作《十字军攻克君士坦丁堡》的局部，还有柯罗的《山上》与《少女》，米勒的《拾穗》，塞尚的《缢死者之屋》，最后又完成了伦勃朗的《斐巴西出浴》和提香的《基督下葬》等。海粟临《斐巴西出浴》仅脸部就花了六七天的功夫。可见临画之不易。

除去临画，海粟还参观了几十家美术馆、博物馆和纪念馆。去得较多的是卢森堡美术馆。海粟发现这里的作品每年评选，好的送卢浮宫，差的如拉菲里华的《鳏夫》及《病人》，淮太的《休息》，送到帕尔

1930年，刘海粟拜访阿尔培（后立者为傅雷）

托拍笃美术馆去了。画家死后，作品的升降仍未停止。

他还和傅雷去参观了巴尔扎克纪念馆。有大量手稿、书信、生活用具和作家生前收藏的美术作品与图书。雨果也有一座博物馆，在雨果路，是诗人情妇马利昂特·勒尔蒙的故居。这里陈列着从雨果遗体拓下来的面型。

除了继续观摩卢浮宫名作之外，每逢星期一还去听学术报告会。每题讲两次，上午10时，下午2时。每次讲学内容均载于《美术演讲月报》。普通听众，每次付10法郎购入场券，海粟有长年入场券，收费200法郎。

《玫瑰村》一画，是海粟到巴黎近郊去看朱光潜时所作。完稿之后挂在墙上，自己很满意。这天一早他去美术馆，恰巧傅雷和梁宗岱两人来看画。傅雷说："很好！在色块的处理上，构图上都接受了塞尚的影响。"宗岱说："这画是海粟自己的东西，与塞尚无关。你看走了眼！"傅雷耿直，认定的事就坚持到底，而梁宗岱也不肯随声附和，谁也不服谁，越争越激烈，眼看要动手，吓得张韵士大哭，旅馆老板不懂华语，不知道争吵的原因，慌忙打电话请来警察局长。局长赶到一听经过，大笑而去。两位老友也都相视而笑，和好如初。

1930年5月28日，海粟夫妇及傅雷前往拜访老画家阿尔培·斐娜。此老81岁，自1923年起即任巴黎高等美术学校校长，同印象派诸大师皆有交往。1890年，他主持反对官办春季沙龙的画展，为青年画家们所拥护。他的作品以壁画著名。

海粟和傅雷一起去看过阿尔培·斐娜的几幅大壁画。一幅是法兰西喜剧院屋顶装饰画，内容取自《圣经》。魔鬼化作蛇来引诱亚当、夏娃摘食上帝禁食的"智慧之果"，旁有一对裸体的神在狂笑。把喜剧、悲剧放在一个场面表现，手法颇新。

1925年，大作家法朗士去世，法兰西学院补选了阿尔培·斐娜为院士。这是院士中的第一位画家，所以在美术界很有发言权。

阿尔培·斐娜夫人是美籍雕刻家，很好客，对海粟夫妇很热情。阿尔培·斐娜曾宴请过海粟和傅雷。他和阿孟琼等老画家推荐海粟参加了蒂勒里沙龙。蒂勒里沙龙集中展出巴黎优秀画家的作品，在群众中威望很高。

1931年6月1日，巴黎克莱蒙画堂为海粟举行旅欧近作展览会，为期半月。主持人是阿尔培·斐娜。法国教育部代表摩意埃、美术司长保尔。莱翁、卢浮宫美术馆馆长夏莫、雨果纪念馆馆长旭里埃，亦特巴姆美术馆馆长台若罗亚、国家美术研究院委员雕刻家朗特司基、中国驻法公使高鲁、秘书谢维麟和海粟的好友傅雷、梁宗岱、何如、张弦，还有名画家司徒乔、张荔英等三百多人出席了揭幕式。

巴黎大学教授、汉学家路易·赖鲁阿为画展作序文，称海粟为"中国文艺复兴的大师"。

一位西方学者，对中国画能够这样理解，实在难得。

法国政府用5000法郎购藏海粟所画《卢森堡之雪》，存放于亦特巴姆美术馆。这在当时是很高的酬金。

海粟生平好画

《女人体》（油画）1931年

雪景，除去国外的四幅，1933年在上海画了雪景，1955年作《佛子岭水库雪景》，1957年作《复兴中路雪霁》《存天阁积雪》《太湖工人疗养院雪景》《复兴公园雪景》。1985年他以90高龄又去北京天坛公园画雪后古柏。

海粟画雪不像古代文人画家以枯荒高寒来寄托冰清玉洁的胸怀，也不是将雪拟人化，歌颂她"无私地装点着大地，又无怨地被踩成污泥"，他爱雪的皎洁，爱在弥天大被下面饱吸水分准备萌芽的生命力，爱线条简练屹立于寒风的冬树，爱涤荡污垢，银装素裹的世界。

《卢森堡之雪》，雪在阳光的照射下现出很多色阶，那挺拔而略带僵直的树枝，吐出朔风的呻吟，异邦情调，中国书法的线条，无碍无滞,有一种清新的回味,显示出作者东方人的气质,有别于欧洲画家的风格。

迦蒙氏购藏《圣母院夕照》,莫须氏购藏《卢浮宫之雪》。上海的各家报纸刊登了画展消息。

画展后,重游意大利,画了《古罗马》《飞航桥》《罗马斗兽场》与《威尼斯之夜》。

《罗马斗兽场》把雄伟和残破放在一起来表现,凭吊了历史陈迹,织进去的又是当代人的感情。往昔统治阶级荒淫无耻,以战俘、奴隶来同野兽格斗取乐,使人想起汉武帝刘彻把猛将李禹投入虎笼斗虎,同样残酷。

斗兽场 29 个门洞错杂而立,倾颓程度各异,宏伟、坚实,历经风雨;旁边的电线杆并非闲笔,点出罗马城古今的联系。

《威尼斯之夜》是抒情的小夜曲。九百条小河把许多小岛联成一体,河即是街,古建筑群与新楼悠然共处,使水更幽邃,两头跷起的小船地方风味浓烈,教堂敦实古雅,色彩老辣。

意大利旅行后小憩几日,又去比利时绘《黄花》等新作,携回巴黎。

1931 年 8 月 30 日,海粟登上了埃菲尔铁塔,思念故土与留恋巴黎的感情矛盾地纠合在一起。在塔下,他同颜文梁、张弦都作过几幅油画。

游意大利

　　海粟在法国看了许多名画，深感受益匪浅，但如不到意大利去研究一下文艺复兴时期的油画杰作，就不能算是对油画真正有所理解。

　　驻法公使高曙青为海粟办好护照，又借给了 3000 法郎，恰好这时陆伯鸿又从上海寄来 4000 元，海粟便约了颜文梁、孙福熙、吴恒勤、杨秀涛四位旅伴一道去意大利。

　　1930 年 5 月 30 日中午，旅法画家常玉和夫人玛姑，在戈巴尔咖啡馆请海粟吃烧鸡。席间碰到意大利画家萨龙夫妇，向海粟介绍了南欧美术界的近况。

　　夜间 10 点在里昂乘火车，中午过阿尔卑斯山，下午 2 点抵达意大利边界，验过入境护照，换乘快车，沿地中海南行。一路上铁道两旁，棕榈蔽空，疏篱古屋，颇具画意。

　　车过比萨，著名的比萨斜塔屹立于夕阳残照中。海粟和福熙作速写多幅，颜文梁轻轻地哼着自己作词的歌曲，脸上堆着忠厚乐天的笑容。

　　6 月 1 日早上抵达罗马，出站步行 10 分钟，找到一所日本人常常来住的旅社，放下行囊，略事休息，便出来参观市容，并到新美术馆看西班牙杰作展览。

　　美术馆是花岗石砌成，高大宏伟，二门内插着一排大旗，上面写着格列柯、委拉士开兹、戈雅等大师的名字，迎风招展。第一室内有格列柯 10 幅代表作，平时在很多书刊上见过的《圣彼得之泪》也赫然在目。海粟非常崇敬这位悲天悯人、富于神秘色彩的画家。格列柯25岁时自故土希腊漂流到意大利威尼斯，先在提香门下学画，因为不爱华丽的画风，又去师事丁托列托，后又到罗马研究米开朗基罗，终于形成自己的风格。

借午餐之便，海粟观摩了维多利亚爱马尼纪念场的雕刻。下午看日本画展，装裱甚为漂亮，由于意大利观众一向少见东方美术作品，故而很是赞叹。

夜间到广场听姑娘们演奏乐曲，灯光如昼，乐师们衣饰素雅，与巴黎靡丽的风气不同。

次日与颜文梁同去参观罗马古斗兽场遗址。这是1世纪皇帝谛托所建，历时十年，可容万人。地窖下面兽栏尚存，不过已梁塌墙倒。海粟作了一幅油画，画面上二十几个圆门洞列成三行，现代生活标志的电线杆竖在一角，匆匆凭吊者点缀其间，倒也壮观。他用冷色调写出，建筑物的体积感、重量感，都得到了较深的表现。

1934年，刘海粟（左一）游欧留影

看过罗马君士坦丁凯旋门后，才知道它原是巴黎凯旋门的母本。它完工于4世纪，浮雕流畅的线条，对称的构图，显然对近代美术有过很大的影响。

使海粟终生难忘的是能够亲眼目睹了几件世界美术史上的著名杰作。这与看照片和印刷品的感受不可同日而语。50年后海

《女人体》（油画）1931 年

粟回忆说："在希腊、罗马的艺术杰作面前，即是最骄傲的人也会意识到自己的渺小。意大利人，作为伟大艺术家的后代，18 世纪以来，已经没有出现举世瞩目的大艺术家了，文明古国，多少有些没落感。游欧以前我曾听康有为、李金发先生谈过文艺复兴时代的欧洲美术作品，但总觉得像隔雾看花，难以形成深刻的印象，到了罗马，才解决这个问题。"

1931 年秋天，海粟决计回国筹办画展，又和傅雷同去意大利观摩西斯庭壁画并写了专文，刊登于同年的《东方杂志》上。

穹顶上的画太高，看不清楚，仰视太久，人也吃力，就买了镜子，人趴在地上，俯瞰镜中倒影，写下了详细的札记。

海粟先到圣马西奥廷长廊观摩拉斐尔的代表作。长廊几百米，每屋一画。拉斐尔自 25 岁来此作画，直到去世。第一室内的《雅典学派》画得清澈冲和。柏拉图与亚里士多德处于众星拱月的位置，一些哲学家也都流露出希腊精神。第二室中荷马与但丁的刻画，表达了文艺复兴时代的艺术家对希腊文化的景仰。《波尔戈宫火警》与《圣彼得被救》，前者描绘 847 年圣彼得教堂的火灾。人物紧张地挣扎在烈焰中。

米开朗基罗画的《最后的审判》是壁画的压台戏。整个画面弥漫着神、人、魔、兽喷涌出来的痛苦怒潮，使基督愁云惨淡，圣母立于他的身后，也感受到思想重荷。乐手们全力吹着喇叭，乍看很庄严，细细看去也无非是例行公事，并不相信音符的法力。画中人都是裸体。海粟说："米开朗基罗是宇宙间的奇迹。他强迫每位欣赏家分享他酿造的苦酒，让我们跟他一起感叹，呜咽，振奋，抗击一切堕落丑恶的东西。米开朗基罗艰苦卓绝，进餐也是草草塞责，填充肚皮而已，夜则和衣而卧，因为脚肿才想起脱靴子，连脚上的皮也一道撕了下来。他对艺术和父老，都极为虔诚。漫长的九十多年，妒忌、诽谤、孤独、误解不断地纠缠他。但他想的还是艺术，把权力、黄金、世俗给他的屈辱灾难都化作了力，注入了作品。他以劳作为享受，刀与笔为情侣，那些空想的，永远无法实现的爱情只能在诗中颤动。这样的人生才是沧海。我们都以做艺海一粟而自豪！每当我们想到他的作品，那些折磨他的贵族与摇鹅毛扇的帮闲们又在哪里？"

只要重读一遍傅雷翻译的《米开朗基罗传》，对海粟的话，就会有同样的体会。

德国讲学

海粟的《卢森堡之雪》被特亦姆巴尔美术馆购藏的消息在柏林见报后，1931年3月德国法兰克福中国学院特地派了丁文渊教授和康特克小姐来到巴黎中国驻法公使馆征求意见，拟聘海粟去中国学院讲学。讲题为，述评南齐美术理论家谢赫的《六法论》。

海粟和朋友们闻讯甚喜，当时以中国之大，驻英、法诸国却只准设公使馆，而日本却是大使馆，可见国际地位之低。更有甚者，有些人看不起中国文化，甚至讲华语受到歧视，以会说洋文为光荣。傅雷、宗岱等人对此深恶痛绝，所以特别珍视这次讲学。

海粟听取了好友们的意见，决计打好这一仗，为民族争光。他会见了德国代表，接受了邀请，并请客人看了自己的40幅画。

丁文渊说："画很耐看，让我们带回去辟专室展出，使学生对海兄作品有个良好的印象。三个月之后接你去上课，这样，你有更充分的准备时间，好吗？"

海粟表示首肯。

康特克小姐以日耳曼人特别讲究效率的个性，把讲学的车旅食宿费用，译员配备，随行人员生活安排，作品展出办法等细节，都谈得挺具体。丁教授还作了补充：学院按教授待遇付酬，同时承担作品往返运费及保险费。

翌日，他俩又来看了画，立即装箱托运。

丁先生向海粟介绍了中国学院师生的生活与治学情况。海粟谈了自己以抒情为特征的表现手法，康小姐听了极感兴趣。海粟也问了德国人的欣赏习惯及对东方艺术的接受程度。

巴黎拉丁区图书馆藏有不少中国古代画论，还有近期刊印的中国画集和日本人的南画集子，可借阅的资料很丰富。

海粟暂停去卢浮宫临摹名画，重读了《桐荫画论》和《王氏书画苑》。傅雷、张弦又帮着借来一些图书，海粟边看边写札记，一些要点还和友人们交换了看法。

三个月后，丁、康二位到巴黎来迎接海粟。他们到达法兰克福时，从欢迎人群的感情中，海粟看出自己的作品肯定是打响了。

海粟被小汽车送到学院主要资助人威尔什宁家的花园别墅。殷勤好客的女主人身穿从柏林定制的绣花礼服，亲切出迎。伙食极好，三个月当中，每天变换花样，可见主人的诚恳。

《六法论》分四个单元讲授：

一、《六法论》诞生的条件。从公元前 4000 年的仰韶文化，原始陶器上的图案，青铜器上的装饰雕刻，到帛画、画像石的出现，以韩非、庄周、王序三派为代表的看法，说明谢赫立论的前提和创造性；

二、以气韵生动为纲，贯串其他五法。"气"的解释就费了几个小时，比较难懂，讨论中提出的问题也最多；

三、《六法论》对中国绘画创作的巨大推动力。论证唐代山水人物、宋代院画、文人画、元四家、明四家、清初六家、扬州八家等等，如何追求气韵生动；

四、后世对《六法论》的评论及今天研究谢赫名著的现实意义。

丁文渊的德语翻译非常熟练，保证了讲学的成功。

最后，就讨论中提出的问题做了解答。

讲稿经丁教授译成德语后，摘要登在学报上。

康特克小姐做了详细札记，遇到难解之处，常到海粟寓所讨教。她看到海粟的几颗印章，十分喜爱，居然下决心学习篆书、隶书，并且试着奏刀。她在抗战胜利后来过中国，在吴湖帆先生弟子王季迁的协助下，编辑了《中国名人印谱》，成为西方流行的参考书之一。

柏林报纸报道了讲学情况，引起了有关单位注意。几位学术界耆宿经过研究之后，派出代表去见中国驻德公使蒋作宾，要请海粟去柏林商谈介绍中国现代艺术之事。

受宠若惊的蒋作宾很觉意外，遂命代办梁龙到佛兰克府将海粟请到柏林。

当天，原美专教师滕固偕朱锲、俞大维到车站相迎。他们皆在柏林留学，闻海粟到来，非常高兴。海粟向他们介绍了在巴黎进行考查及在法兰克福中国学院讲学的情况，三人听得津津有味。

会谈在使馆举行。德方代表都是头面人物：东方艺术协会会长、前驻日大使沙尔武博士，副会长克伦佩雷工学博士，秘书长兼东方博物馆长、柏林大学教授寇美尔博士，副秘书长兼国家博物馆主任孔威廉，柏林工业大学教授、政府建筑顾问白舒梦，国家美术图书馆长、柏林大学教授克拉苏博士，普鲁士美术院秘书长、柏林大学教授阿末尔道夫博士，柏林大学教授休雷，名画家李培姆教授。他们和留德学生都已先到会场相候。

梁龙引海粟缓步进入大厅，向大家逐一作了介绍。

八十多岁的李培姆，居然坐着不起。他摸着雪白的胡须，用僵直的声音傲慢地问道："你就是刘海粟教授么？"

海粟略一点头。他没有长长的白发来服众，只有镇静和礼貌来维持尊严。即使对方盛气凌人，对这种偏见和过分自信，也不能用无礼回答无礼。

沙尔武的眼睛在同僚们脸上掠过，柔润的低音不能掩饰这位亲日政治家的冷漠："我们东方艺术协会，是专门研究印度、日本和中国艺术的学术机构。现在，小室翠云教授正在柏林主持规模宏大的日本画展，不知道刘教授可去参观过？"

"刚到贵地，还来不及去观光，但我和小室先生是多年知交，我会去拜访他，他也会来看我的。"

沙尔武说："怎么，刘教授还认识小室大师？我爱好日本浮世绘和近代日本画，同日本画家有着亲密的友情。小室翠云和桥本关雪两教授，都是快手，能在极短时间内完成一幅佳作，而对我们欧洲画家来说，比较困难，尤其是油画。不知道刘教授能不能在今天让我们一饱眼福？"

海粟答道："即席挥毫对中国画家来说是一贯传统，稍具素养者皆不难办到。中国画实际上是源，日本画是支流，是接受了中国画家的影响。小室、桥本对中国古代大家和近代的吴昌硕等人非常崇拜。我自愧不如先世大师，但对东邻画友，则当仁不让。"

"可惜没有毛笔和宣纸啊！"梁龙非常着急。

"我们那里有，立刻可以取来。"俞大维、朱锲对于德国人的态度很是气愤，立即去找文房四宝。

"刘先生在巴黎学油画么？"李培姆转了话题。

"每天都去卢浮宫研究欧洲名作。"

李培姆眯上眼睛，从蓬松的胡须堆里发出了自我陶醉的声音："贵国古代的绘画和雕刻很杰出，顾恺之、王维、吴道子、李思训、荆浩、关仝、董源、巨然、宋徽宗、李唐、马远、夏珪、赵千里、张择端、'元代四大家'都是世界艺术史上的大人物。他们创造了无法复制的艺术品。先生不辞万里，来到巴黎，岂不是舍近求远？"

老教授的博学使德国的专家们惊诧。

海粟侃侃而答："老艺术家提到我国历史上的巨匠们，使我和在场的所有炎黄子孙自豪。我尊敬为中华民族文化贡献过智慧和心血的先人们。我研究过前辈大师，收藏过关仝、倪云林、仇十洲、董其昌等人的名作。然而，他们毕竟是古代海禁未开之前的大师，与我所处的时代不同，肩头担负的使命也不一样。中国古代有句'他山之石，可以攻玉'。你们能在柏林研究中国的优秀艺术，我为什么不能到欧洲来研究你们先人的名迹？一个民族的艺术是一条不断更新、不断拓宽、不断向前发展的大河流，传统应当继承，但仅仅继承还不够，还要吸取兄弟民族的精华，创造新艺术。这个目标远大而崇高，远非一代人所能完成，我个人力量尽管微小，但是还有兄弟姐妹，子子孙孙，他们一定能办到。生命不朽，艺术长青，真善美永存。"

在场的同胞纷纷鼓掌。

李培姆抬起肥硕的躯体，蹒跚地走到海粟面前，伸出手来，大声叫好，骄傲嚣张之气一扫而光。

德国学者们也跟着拍手。

沙尔武提问："我在东京和奈良，看到过大量精美的中国画。中国有那样的博物馆吗？"

海粟说："有。北京有八百年来不断扩建的故宫，建筑的精美，国外无匹。仅故宫收藏的艺术品就接近十万件之多。至于画院，唐末五代就有，宋朝更加健全，比欧洲任何美术研究院都早。近几百年来，中国出现了许多大收藏家，收集唐代以来的精品很多，极为丰富。无论遇到多么大的困难，都决不会出卖珍藏的好东西。只有好友，艺术上有见地的知音，方能在一起研究、观赏、临写、鉴定。现在北京、上海、广州、杭州、苏州、南京、成都、扬州、重庆、武昌、沈阳等城市中都有这样的收藏家，如果各位去上海、苏州观摩，我可以负责介绍。"

德国人有些感到意外。

"在日本，看到许多研究、注释、校订中国古代画论的出版物，中国有这方面的专家么？"

"很多。黄宾虹先生编辑的《美术丛书》虽校勘未精，但规模浩瀚。在场的滕固先生对美术史就很有研究。美专教授多是学者，不仅以画两笔见长。"说了大话，海粟心里很明白，在遗产整理方面，的确没有做出使外国人惊叹的成果。

李培姆把话题岔到了雕刻上："中国古建筑和希腊巴岱农神庙的构造原理有许多巧合之处。麦积山、云冈、龙门的雕刻可以与古希腊的杰作并列而无愧色，你作过研究吗？"老人对自己的博识感到满意。

海粟比较了中西雕刻的历史和艺术特点，认为欧洲人以实写意，中国人以意传神。乐山大佛大到一个脚指甲上可以站几个人，欧洲没有这样大的杰作。中国作品含蓄，各种不同的表情凝聚在一张脸上，可以跟着欣赏者的主观情趣而不断变化，因为艺术家在表情的提炼和刻画方面下了几个世纪的功夫，虽有印度影响，但很快就变成了土生土长的东西，体现着本民族的气质和灵魂。不着一点，尽得风流，其实是各点尽着，看不出来就是了。

"说得透！"李培姆再次称许。

沙尔武欠身施礼问道："贵国像你这样的教授很少吧？"

"恰恰相反，第一是我很平常，除了画几笔，在学问上很普通；第二是中国有许多大学者。比如去年逝世的梁启超先生，一个人的著作就有一百多册。不仅在大城市，在中小城市和边远乡村，一样有不太出名但很有学问的人。他们有极精辟的著作，只是不一定有公之于世的机会。总之，我算不了什么。"

德国人轻声地交谈了一会儿。

俞大维取来了文具，朱锲磨墨，滕固摊开宣纸。

德国人的目光聚拢到海粟身上。

海粟全身的力量集聚到笔锋上。除去少年涂鸦，从美专开办以来的18年间，他创作习作的画总不下3000张。如果说旧作是"养兵千日"，今天则是"用兵一朝"了。

在场的中国人，都希望海粟能为中华争光。

突然一滴浓墨落到宣纸上，所有同胞的心都像被斧头砍了一下，紧张、抱怨，为海粟捏着一把冷汗。

德国人交换了一下眼色，以怀疑的眼神期待着……滕固轻咳一声，准备换一张宣纸。这时海粟将笔落到离墨点两寸多远的地方砍捺两下，在两团大墨块后面画出两条粗线。笔上墨已有限，海粟蘸上清水略一点染，墨点成了鸟眼，淡墨代作鸟头，大墨块成了八哥翅膀，后面的粗线化作尾翎，接着，脚和落脚的怪石陆续出现，天上飞来另外一只，同石上的一只呼应着，干笔从画的左上方将垂下的松枝，添上松针，端起水盂朝树梢一倒，云翳散开，层次清晰。

东道主们一齐欢呼。沙尔武和李培姆在轻声叽咕着，比画着。懂德语的若渠用上海话告诉海粟，两位老头儿正在计算这对八哥的距离是否符合美学原则呢！

海粟于是讲起中国画留白的无穷妙用。讲到什么叫意在笔先，笔未到意到，空白中有气，画外画，画中诗，使外国专家们颇为倾倒。他们对中国古代的东西知道得并不多，文字的隔阂使他们很难读懂中国古人论画原著，靠英文、法文译本，表达能力有限，海粟作画的成

1934 年，刘海粟在德国柏林讲学作画

功，提高了语言的力量，使德国人大开眼界，提高了对中国画的认识。

沙尔武见过小室翠云即席作风景画，希望海粟也能画张山水。海粟兴致极高，云峦叠屏，澄江远帆，随意点染，比八哥画得更为洗练、生动。会场异常活跃，欢声起伏，中国人笑逐颜开。

孔威廉站起身来提出要求："柏林的学术界敬佩中国传统艺术，对现代绘画方面接触很少。我们读了您讲学的报道，今天又看了作品，特请你来会谈，是想在最近开办一次中国现代画展，地点就在柏林，必要时也可以到汉堡等大城市去巡回展览，让我国公众对中国艺术有更全面的认识。打算由贵国使馆和刘先生同我们共同议定一个计划，经费由双方各付一半，好吗？"德国人纷纷点头，支持孔威廉的提议。

"可以这样办！"海粟的回答很响亮。同胞们都很欣喜。

次日双方议定，1934 年 1 月开画展，中国方面的首席代表是蔡元培先生。

海粟结束了法兰克福中国学院的讲学，回到了巴黎，1931 年 9 月初与张韵士乘香楠沙号轮船回国，同舟的还有傅雷和路易·赖鲁阿。

海粟为赖鲁阿作油画像和素描像各一幅。油画赠赖氏，素描自留，此画以蓝色线条勾成，白底，简练传神。当年孙中山先生在欧洲奔走革命，曾同赖氏有过交往。他为海粟纪念册上写了"气韵生动"四个汉字，很稚拙。

1934 年，刘海粟在德国示范国画

　　海粟返沪，聘傅雷为办公室主任，着手改进教学。当时美专拥有全国一流的人才，如黄宾虹、姜丹书、黄目、张善孖、张大千、贺天健、张辰伯、潘玉良、庞薰琹、容大块、许醉侯等教授，都很受学子尊敬。海粟又充实一些新生力量，请蒋兆和、陈之佛教图案，潘思同、刘海若教水彩，俞剑华、杜镜吾、娄师白、马孟容、谢公展教国画，张玉珍教英文，汤凤美教声乐。

柏林办展

赴德美展经过紧张的筹备就绪后，海粟偕夫人于 1933 年 11 月于上海乘船去德国。

结伴同行的有体育家章辑五，他是去英国游学的，是个有活力的人，还有画家吴权，1929 年他曾和海粟在巴黎卢浮宫一起临过画；另外还有驻葡萄牙公使张歆海、驻比利时公使张乃燕。

夜间，海粟草成一份书面谈话，约 6000 字，内容是介绍展览筹备经过及本人西行打算。

第三日船抵香港，岸上已有四十多人列队欢迎。海粟与大家寒暄一番便先去程雪门先生处将书面谈话稿交给他向报界公布，再去鲍少游办的丽精美术院小憩，然后赶赴中华第一楼的宴会。

航行半个多月，船过苏伊士运河，海粟和杨杰结伴上岸租车去参观埃及金字塔和古老的人面狮身雕刻，并观光了古庙。

经过一个月的颠簸，船终于抵达意大利威尼斯港。海粟请吴权协助，将瓷器和画交火车站托运到柏林，然后偕夫人乘船参观了市容。绮丽的水城风景，别具风采，多日的劳累，得到一次身心舒畅的涤荡。

海粟还去博物馆、美术馆观摩了贝里尼、提香、丁托列托、梵洪纳士、蒂伯洛等人的著名古典名画，次日乘火车去柏林。广阔的田野犹如万里画卷，美不胜收。火车爬上阿尔卑斯山，越走越高，无边际的椰林、仙人掌林，装饰着大地，皑皑雪峰宛如一排排大理石雕刻，使人目不暇接。

次日抵达柏林，使馆派张景魁等来迎接。他们告知海粟，展品已安全到达。

德方来迎接的有美术馆负责人寇美尔教授、魏德玛先生、康达克女士等人。

海粟向德国东道主介绍了展品情况。寇美尔十分高兴，索去海粟的行李提单，派人去取，然后将他们夫妇送到一家大旅社休息。

张景魁说："梁龙已升任一国的公使，现在驻德使节刘崇杰的主要助手是国民政府主席谭延闿的儿子谭伯予。前不久，有人对德方放出空气，说海粟西行已经告吹，展览一事，李石曾已另外组织了一批书画，以代替海粟在柏林展出。谭伯予对这一说法很赞成，但德方诸教授说，和刘教授有约在先，他不能来是中国政府单方面毁约，展品不能换成另外一批。寇美尔一见面就问展品是否已经带来，可见德方甚为关心此事，也可以看出背景的复杂。

是夜，刘崇杰约海粟夫妇到使馆便宴。他听了海粟关于国内画坛情形的介绍后，对海粟表示很器重。他说，自己虽然不懂艺术，但愿意虚心学习，把事办圆满，尽力不出差错。他要海粟来使馆办公，海粟说编目录是双方的事，在使馆办公诸多不便，所以谢绝了。

东方美术馆对作品的内容和形式都很钦佩。德国人讲究准确，目录力求详尽，作者简历、师承关系、风格特色、作品标题、尺寸、创作时间等都要写明。

留学生张桂云、曾瑞祺推荐德国展览专家李丹田担任海粟的秘书，海粟便欣然同意了。

李丹田到过中国，认汉字，为人干练，头脑清楚，前次徐悲鸿来柏林办展画，也是由李先生做助手。他的住宅宽敞，夫人又熟知外交礼节，见过大场面，海粟决定暂住在李家，让成家和跟李夫人学些外交礼仪。

李丹田对中国朋友很真诚，工作井然有序。所有记者采访拍照，他一律安排在下午 4 时至 5 时半，谈话限半小时，这使海粟有整块时间抓全面工作。

一些艺术家、学者邀请海粟去参观他们的工作室，做些地道的德国菜请他与公使去品尝。

刘崇杰说，使馆太破旧，无法待客，打算突击修理一下。他的妻子已经找出一些碗碟，准备私人出钱回请一下，给国家装装门面。如果等外交部拨公款来应酬，最快也要三个月，那时展览会早已散了摊子，岂不成了马后炮？

海粟说："像你这样想到祖国形象的公使太少了。"

1934 年 1 月 20 日，展览会在柏林市巴黎广场普鲁士美术馆正式开幕。海粟穿着胸前绣有团花的蓝色长袍，刘崇杰身着西服坐汽车驶入广场。他们下了车，人群中闪出一条狭巷，热情的欢呼场面使中国同胞格外振奋。留学生们个个眉眼含笑，中国现代艺术受到德国公众如此热烈推崇，感到甚是扬眉吐气。

1934 年，刘海粟（左六）在德国办画展

《如松长青，如水长流》1932 年

《临沈石田人物图卷》20 世纪 30 年代

　　台阶上德国艺术界的老前辈彬彬有礼地相迎,海粟逐一还礼。几年前的理想,终于变成了现实。沙尔武博士致开幕词。他以谦谨的措辞,由衷地称赞了中国的传统文化与现代艺术。刘崇杰报告了画展筹备经过,海粟介绍了当代中国画的派别和渊源,并希望通过文化交流增进不同民族之间的理解和友谊。

　　展出 15 天,万人空巷。每天都有观众手拿当天的报纸,排成长队守候在美术馆门前,等候海粟前来为他们签名。因为人多,来不及一一签名,只写个"海"字,他们便很满意了。

　　展出不到一周,法、荷、瑞士、捷克、西班牙,还有汉堡及莱茵河流域诸省省会,纷纷来专人或拍电报到公使馆,请求画展结束之后,移到他们那里继续展览。

　　海粟不论在寓所或会场,都有人来访问,邀请他去办画展。这种盛况,出乎意料。他给国内拍了电报,转达了西欧观众的愿望。

　　第一封回电是叶恭绰拍来的,要海粟展毕立即回国。

　　第二封电报要他乘胜收兵,适可而止,他处展览应婉言谢绝。署名是蔡、叶两先生。

电报是当头一棒。海粟深知二老并非不爱祖国声誉之辈。从电文语气看来，其中必有文章，是谁从中作梗？他想了很久，平定思绪之后拟一复电，请李秘书译发：

我为中国艺术在暗室中呼喊，一旦见光明在群星间辉耀，为完成平生夙愿，苏格拉底可以死罪，曾参可以杀人，以此罪我，亦所甘心！

海粟与李秘书商议，经费已断，更无后援，凡求移地展画者，皆须负担一切开支，包括海粟夫妇旅费，此外别无良策。

一周后叶先生来信说：

兄须知吾人稍知爱护国家，以期发扬国光，本已担了不是，何况办事又比较认真？此刻若再不觉悟，不难重生荆棘，诚不如回头是岸也。

信很沉痛，也可以看出对立面的淫威。经再三考虑，反正骑虎难下，不如自己承担后果，将在外君命有所不受，毁誉不计，个人得失全置之度外。这样，海粟反而感到坦然了。

2月12日，海粟将携来的瓷器分赠画展有关人士，获得交口赞颂。

使馆稍事修葺，刘崇杰举行茶会，招待各界来宾。海粟与成家和当场作画，客人们称许备至。应普鲁士美术院之请，海粟讲演《中国画之变迁》，又赴柏林大学东方语言系讲《何谓气韵》。

中国现代画展迅速成为报刊、学校、咖啡馆里人们话题的中心之一。在德国各地发表的五百多篇评论与报道中，"笔不到意到"一说常常被人引用。画展在德国文艺评论家中产生了广泛的影响。

柏林美术院特辟中国名画厅，要求留下17幅作品及部分纸笔长期陈列，供学者研究。

留画一事，海粟电报请筹委会征求原作者意见，结果全部同意。待各地展出结束后，便举行了移交仪式。这些作品由海粟编为《中国现代名画集》，两年后在上海出版。

4月1日，德方教育部长主持了中国名画厅开幕式，刘海粟、刘崇杰出席。寇美尔教授说："我们德国产生了一件比什么都重要的事，那就是柏林美术院中国现代名画厅的成立。足下及其他名家杰作，今后像太阳般永照着德国民众及欧罗巴人。"

截至闭幕，一个月间，展览会观众达5万多人次。

1934年3月25日至4月8日，画展又在汉堡开幕。市长迦克门，美术院长莫德孟博士、东亚学会会长莫赫博士以及刘海粟、刘崇杰出席了开幕式和闭幕式。据当时统计，观众达五万六千余人。报刊载消息及评论二百八十多篇，画展取得成功。

其后，展出的地方还有杜赛特夫，海粟在该市美术院讲演了《中国画与诗书》。荷兰的阿姆斯特丹、海牙，西班牙的巴塞罗那，捷克的布拉格，瑞士的日内瓦与柏尔尼。

海粟到美术学院去讲演，题目是《中国画的精神要素》，师生们听得很有兴味。

由著名建筑学家奎帕尔斯设计的里解克斯博物馆，落成于 1877 年，藏品丰富。在地下室，海粟看到伦勃朗 1642 年的杰作《夜巡》。画高宽皆达十多英尺，16 个人物，都处于高度兴奋状态，表情十分生动。此外尚有卫米尔画的《倒牛奶的姑娘》，画高仅两英寸。

7 月 14 日，中国现代画再次移到日内瓦展出，海粟平生最敬仰的法国作家罗曼·罗

1934 年刘海粟（右）与胡天石摄于日内瓦国画展览会

兰，身穿白色西服携着年轻的妻子，健步走入会场参观。海粟陪着大文豪看了全部作品。他指出陈树人画的《西风消息》具有音乐的节奏，对任伯年、吴昌硕、黄宾虹等巨匠的作品，看得尤其仔细。六天之后，南京《国民日报》《申报》都发了专题消息。海粟曾将此事写信告诉了陈树人先生，陈先生很兴奋。

6 月，巴黎特吕爱画院举办刘海粟个展。马蒂斯、凡·东根等出席了开幕式。在德国创作的《蓝绣球花》《凡尔特之春》及《三千年之蟠桃》《西湖之秋》等都受到观众好评。后二幅为法国国家美术馆购藏，《清潭水牛》为苏联驻法大使购藏。

伦敦之行

　　柏林画展闭幕前夕，海粟接到中国驻英大使郭泰祺来信，说英国公众渴望在伦敦举行展览。当时海粟已和许多国家签订了协议，便答复说，去伦敦要到明年才行，并提出了展览的地址，展览会的组织以及经费三个具体问题，希望他考虑。不久郭泰祺又来信说，地址和组织都不成问题，经费方面，宋子文最近开经济会议，还有一笔余款可以动用，只希望海粟马上去伦敦。海粟看到三个问题皆未落实，便又函告他画展 7 月间在瑞士的日内瓦揭幕，据闻郭泰祺要出席国际联盟召开的会议，约定和他在日内瓦面谈。

　　在日内瓦相遇后，郭泰祺说伦敦是世界上最重要的大城市之一，在文化方面有好多权威人士，去开画展，对中国国际影响力意义重大。前次提出的要求都不成问题，只要海粟和他一同去伦敦好了。这样在 11 月间，国际联盟会开过以后，海粟便同他经巴黎乘船到达伦敦。

　　然而一连数日，郭泰祺不谈画展的事，而是要海粟陪他们三人搓麻将。海粟敷衍了两次，输了两百多英镑，到了第三天，便向郭泰祺提出画展的筹备工作。郭泰祺说："你不要心急，等画箱运到伦敦，请几个权威看了以后再说。想在英国开个画展手续很复杂，如果英国艺坛权威看了不十分同意，就开不成。"他这种说法很失中国国格，中国现代画展，震动了欧洲好几个国家，为什么到伦敦来还要受到英国艺术当局的一番考试呢？这样做太不周到。郭泰祺已经看出海粟的不快，却若无其事地说："画是具体的东西，只管由他们去看好了，

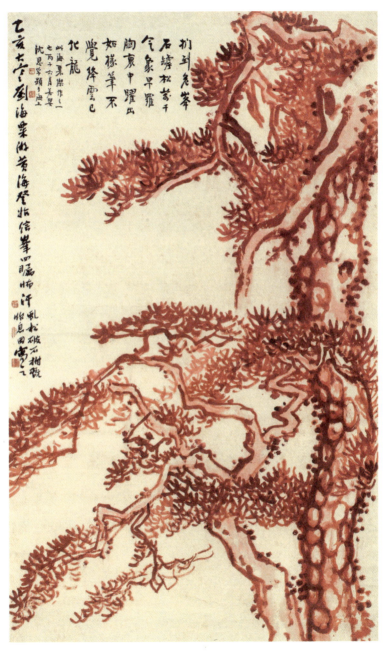

《朱松》1935 年

没有什么关系。你何必不快乐呢？"海粟只好暂时忍耐，但麻将是决计不搓了。

冬季的伦敦，整日大雾弥漫，空气湿漉漉的，天色灰暗。海粟心里感到沉闷极了，回到旅馆，吃完饭就睡了。第二天下午 3 时，郭泰祺带领夫人，约海粟夫妇去伦敦郊外喝咖啡，打高尔夫球，海粟夫妇便一同去了，打完一场球，汽车又开回使馆，看样子他们又要搓麻将了。原来他们三缺一，找部下凑数，又怕有失官僚身份，所以死命缠住海粟。

海粟借口没有钱输，坚决拒绝玩牌。郭泰祺半开玩笑似地说："不要你输钱，输画好了。"海粟实在没有办法，只好搓了 12 圈，结果又输了四十多镑。幸而在这时候，画箱运到使馆，使海粟如释重负。郭泰祺欣然约定了一个日子，准备在大使馆开茶会，招待英国的艺术界人士。

次日一早，海粟便忙着打开画箱，整理作品，使馆里没有人帮忙。下午，没有课的留学生钱钟韩和朱国冼自动来帮助海粟布置了三个房间，将吴昌硕、齐白石、黄宾虹、潘天寿、陈树人和海粟自己的画，挂了将近四十幅。这些作品都比较有代表性，同时还陈列了海粟的四幅油画。

开茶话会的那天，文学家蒋彝、戏剧家熊式一两位先生最先到场。熊先生所编译的喜剧《王宝钏》在伦敦演出，很受欢迎，蒋彝从小随父亲习画，长大之后，又师事孙墨千先生，对书法及国画都有良好根基。在大学化学系毕业后，曾在江西省任九江县县长，他目睹官僚专政，人民被鱼肉，便一怒弃官，跑到伦敦来当苦学生。

英国方面来参加会的，有大英博物馆馆长罗兰史·泌宁，美术批评家罗基·法兰等三十余人，都是对中国文化研究有素的权威人士。

此外，尚有前任香港总督，驻华大使等人，他们一到会场，便被画所吸引，看得非常仔细。

四十多分钟的时间会场里鸦雀无声，郭泰祺不断地进进出出，显然有些忐忑不安，因为英国人很沉默，罗兰史·泌宁指着海粟画的一幅《九溪十八涧》说："这是老树根上开的奇花！"接着，他又问海粟关于中国画中的南北宗问题。海粟说："南北宗之说，起自明朝董其昌，并不是北方人画北宗，南方人画南宗。两种画风的形成，和自然环境有关系，因为中国地域广大，江南多雨，空气湿润，因而多烟云缥缈的水乡山色。反映到画面上，为董、巨、二米的水墨清淡，满纸烟云。北方干燥，远山近树，一望分明，峭壁丹崖，漠野大河，形成李思训父子的金碧辉煌，青绿重色。当然，画并非简单地再现大自然，还有画家的情感气质，及师承关系在起作用，而情感气质也受到大自然的熏陶启发，物我之间，互相交流，铸成风格。"

"我在欧洲过去一向只是欣赏北宗的绢本青绿，认为工细富丽，但是近来也慢慢能欣赏南派的作品，因为气韵更生动，艺术价值更高，不像北宗山水，比较刻板，感情的成分淡一些。"泌宁谈得很兴奋。他对中国的艺术曾写过几本专著，在学术界很有影响。

罗基·法兰走到海粟身旁，握着他的手，谦逊地说："我不懂中国绘画，对油画比较熟悉。看了你的作品，认为比较接近高更、梵·高的作风，但又不尽相同，有东方书法的线条和民族情趣。我很喜欢。"

谈过学术见解，中英双方当场便议定，展览会于1935年春天开幕，会址在英国最大的展览馆：新百灵敦画院。广播、广告、海报都由英美烟草公司负责。茶话会取得了圆满的成功。

中午，海粟同留学生钱钟韩、朱国冼以及蒋彝、熊式一同上咖啡馆吃饭。钱钟韩和朱国冼给海粟起草了一封给罗兰史·泌宁的信，提出作序的要求，口气不亢不卑，由海粟签字寄出。

第二天，海粟夫妇由旅馆搬进剑桥公寓，从此每天整理目录，同时还抽空作画，否则挂不满展览大厅。四天后海粟接到了罗兰史·泌宁的来信，并附展览会序文稿。信写得非常客气。大意说，因为中国现代画的展出，使他对中国艺术有新的发现，有责任来大力宣传和介绍，绝对谈不上是帮助。

伦敦几家大报都以显著位置刊登了序文。泌宁称海粟"绘艺精湛，卓然大家"。"昔年曾来西欧研究艺术，于中国水墨西洋油画之法，均造诣精深，运用自如，迥然不同凡响。"

在当年的欧洲，泌宁算是比较有见地的评论家。

次日上午9时起，直到晚间，各报记者纷纷来采访拍照，好不热闹。

海粟写了一篇关于中国画南北宗的文章，由一位新认识的英国学者温可味史翻译成英文发表。他对东方文化研究颇深，和海粟很快成为好朋友。

1935年2月20日，中国现代画展览会举行开幕式，到会的近3000人。

在展出的一个月中，每日观者如堵，伦敦四十余家大报几乎无日不登载画展消息，其他周刊、月刊、各种杂志，印载照片的也很多。

通过接触，英国艺术界的知名人士，希望海粟能当场画点画给大家看看。他只好又同郭泰祺商量，希望使馆能约请一次茶会。

茶会的那天，想不到竟有一千四百多人参加。当场海粟画了一张《松鹰》，家和画了一张《芭蕉》，会场情绪非常热烈。

第三天晚上，英国国立美术馆举行答谢招待晚会，他们郑重其事地把海粟的每张油画都打上明暗适度的反射灯光，主持人恭谨地陪同海粟参观。

《溪亭闲话》1936 年

几天以后,《泰晤士报》发表社论,对中国文化大为推崇。文章着重指出:"在欧洲人的眼光中,以为中国的现状仅仅是军阀捣乱,经济破产,盗匪绑票,政治黑暗,以及天灾,饥馑等等,而忘记了中国人民是一个世界上最有文化的民族,中国是有着灿烂文化的古国之一。"郭泰祺看了社论,不免受宠若惊,便带着夫人来到公寓,请海粟吃饭,其实是来报功。郭泰祺说:"《泰晤士报》发表社论来评论这次画展,是了不起的事。这是该报有史以来第一次谈到关于中国文化方面的事情。如此推崇备至,真出乎意料,我已经用电报全文拍回外交部了。"

不久,成家和因为生第一个女孩住进了医院。等到家和从医院出来,便快到秋天了,虽然美国政府来电报邀中国近代画展到华盛顿、纽约去举行,但是美专的事务堆积如山,也接二连三地来信催海粟回国,加上女孩太小,长期旅行不便,于是决定乘德国的一只新船"香浩史坦"轮回国。

9 月的伦敦,天气已经很凉爽了,海粟他们来到沙斯哈门海轮码头,温可味史、加克生、郭泰祺以及许多留学生都来送行。上船时大家依依不舍,海粟告别了异国朋友,踏上了返回祖国的征途。

旅欧归来

回到上海，在新亚饭店住了几天。当夜，总务主任王春山报告海粟：美专在经济上已经到了山穷水尽的地步，欠教职工薪水三个月，这样下去，将无法上课。

海粟很诧异。学生 800 人，每人交费 40 元，总数超过 3 万，怎么才开学就欠下许多钱呢？

王春山支吾一阵，才说出实话：海粟西行两年，物价猛涨一倍，但教师工资照旧，生活很艰苦，而代校长王济远到菲律宾及日本开个人画展的费用，皆从校内开支，自然债台高筑，仅仅中国营业公司的利息，就欠 8000 元。

次日，海粟到校视事，发现教师并未全部出勤，缺课较多，学生纪律松弛，图书馆很少有人去看书。海粟感到十分痛心，便召集教职员工讲话，稳定情绪，同时决定请谢海燕先生负责整顿美专。海粟同海燕相识于浙江定海，当时他在郑午昌所开办的汉文书店任主编，年轻稳健，海粟商得午昌同意，便让海燕担任教务襄理，海粟自兼教务长。

海粟与四行联合银行总经理钱新之协商，借款 2 万，先以半数还了教职员工的欠薪，留下半数用于日常开支，人心才稍安定。

几天之后，海粟搬进复兴中路 512 号现在的住处，客厅家具皆为黄伯樵先生所赠送。

海粟连日宴请美专诸教授，饭前宴后由黄宾虹、郑午昌、王个簃、

1936 年 8 月，私立中国艺术专科学校筹备委员会成立大会合影

郑曼青、马公愚、汪声远、许征白、杜考祥等人画了上百幅画，加上自己加夜班画的六十多张，全部精裱好，准备举办筹款画展。

寒假前半月，海粟印好定画券，每张 200 元，每日写信八至十封，请工友送给热爱此道的诸友人，打算集资 3 万元还清积欠。

经过周密的准备，美专筹款画展在大新公司四楼开幕。四天之后，画全部订完，遂将这笔巨额债款还清。

1935 年 9 月 21 日，蔡元培、叶恭绰设宴邀请黄宾虹、王一亭、吴湖帆、吴东迈、王个簃、关良、朱屺瞻、王济远、张弦、刘抗等一百多位知名人士给海粟洗尘。蔡先生在宴会上说："刘海粟先生此次代表吾国赴德举办中国现代画展，获得无上光荣与极大成功。在柏林展览后，引起各国之注意，两年间在欧巡回展览十余处，震动全欧，使欧人明了吾国艺术尚在不断地前进，一变欧人以前之误会。因其他国家对各国宣传艺术，以东方艺术代表自居，吾国以前则未及注意。此次画展之后，移集欧人视线，此固吾全国艺术家之力量所博得之荣誉，而由于海粟先生之努力奋斗，不避艰辛，始有此结果，此等劳绩与伟大精神，实使吾人钦佩与感谢。"

第三章 ｜ 乱世流变

一九三六年八月十三日，日军进攻上海，淞沪抗战爆发。不久，「七七」事变爆发。这场全民族灾难的降临，不仅改变了千万人的命运，也改写了刘海粟的人生轨迹。

抗战之始

1937 年"七七"事变的消息传到美专，海粟宣布停课，暑期留校度假的学生走向街头，绘制了大量的宣传画、漫画，向市民宣传抗战。

"八一三"之后，日本侵略军攻占上海，上海成为最前线。千万壮士英勇牺牲，"大世界"被炸，引起市民更大义愤。各省学生回故乡去宣传抗日，留校学生组织成三个小队，去南京、安徽、江西等地做动员工作。

不久，南京回来一位同学报告海粟，去宁学生失踪三人。经海粟多方打听，方知这三位学生被囚禁在南京警备司令部，经他和谢海燕到处托人，方才保释。

海粟白天照常到学校，夜间肃立窗前，看着高射炮喷出的火光。日本飞机日夜轰炸市区，死难同胞无数，惨不忍睹。他听到平型关大捷的佳音，便集中精力画了一张平型关。

南市被炸后，三昼夜火光烛天，海粟作油画一幅，记下这一历史的惨景。

中国军队弹药不足，有一千多人，奉了长官命令，退入法租界。法国巡捕房星夜来到美专，将原存天阁后所住教师、职工全部从睡梦中叫醒，各带随身铺盖，挤到艺海堂"暂住"了一年半，腾出空屋拘留退入租界的 1500 名军警人员，名之曰"俘虏"。中国政府对这批军人漠然不管，他们没有柴烧，于是课桌、木椅、画架都遭了殃。

上海中学派人来见海粟，要求暂借艺海堂3个月，不料挤进来后，一住就是九年，直到1946年还不想走。这样，美专师生更为拥挤不堪。国难当头，海粟耐心说服大家要艰苦忍耐。

从倪贻德处得悉郭沫若由日本返国的消息，海粟便请他去码头相迎。

海粟同倪贻德到沧州饭店，会见了阔别11年的郭沫若先生。海粟约他返宅共餐，沫若说寓所来客过多，谈话不便，准备搬到高乃依路，与海庐不远，可以每天交谈。

海粟问及郭沫若以后的去向，他很犹豫，是去南京政府参加抗战，还是留在上海从事发动青年参加抗战，一时难以决定。

海粟说："老蒋变化多端，不能信任，逮捕宣传抗日的学生，对老兄的通缉令也并未宣布作废，与其同没有诚意的人合作，将来引火烧身，不如径去欧洲，写文章、发表演说，呼吁国际上正义人士支持中国。胜任这种事的人寥寥，你去完全合适，何必受制于人，处境为难？"

沫若认为言之有理，但事态究竟如何发展，还要观察。他考虑海粟的建议。

这晚临别，沫若写了一个条幅，赠送海粟；

> 此来拼得全家哭，今往还将动地哀。
>
> 四十六年余一死，鸿毛泰岱早安排。

这是赤子的誓词，体现出诗人真诚的爱国之心。

次日，沫若迁入法国人开的公寓，这里比较静谧，但因吃不惯西餐，海粟每天要他来家便饭。两人随时交谈，一个叙述在日本的半囚徒式生涯，一个讲两次旅欧的经历，总是半夜才分手。

去欧洲宣传一事，沫若有心尝试，无奈难筹川资。海粟便同钱新之商议，钱新之出于爱国爱才之心，同意资助2万元。

《夏山欲雨图》1937 年

　　海粟在新亚酒楼安排沫若、新之会晤，钱先生以能助沫若一臂之力为荣。

　　没有多久，陈诚派人到沪接沫若去南京商谈要事。海粟、新之的计划虽未实现，但在心灵上却是一个安慰。

　　在沪期间，沫若天天见到海粟，为他题过好几张画，除《早年国画》和《鉴藏纪略》中所介绍的之外，还可以看到一张《仿吴仲圭夏山欲雨图卷》上的五律：

　　　　山水在性天，才能写自然。

　　　　心随物已远，意到笔之先。

尺幅罗千里，寸晖行万年。

此中饶逸趣，言外谁可传？

一九三七年八月，客寓沪上，日日在飞机炸弹声中讨生活。一日海粟携来此画，顿感坐游之乐，爰题此数语。

章士钊步韵写道：

三人七关天，画难不其然。

武进刘海粟，画伯莫相先。

夏山载大块，欲雨几千年。

偶得诡言仿，雅量足可传。

《仿石涛山水》1938 年

吴湖帆题：

> 豪情发乎天，写画亦其然。
>
> 海翁兴作此，檀老魂来先。
>
> 愿君纪岁月，大书廿六年。
>
> 纵笔泄胸臆，休介传不传。

南市陷落，上海的汉奸、日本特务内潜伏转为半公开活动，拼命在市民中制造谣言和混乱。苏州河北岸也在 10 月 26 日沦陷。88 师262 旅 524 团团长谢晋元，带领八百壮士在援兵断绝的情况下坚守四行仓库，许多战士壮烈殉国，可歌可泣。上海市民怀着深深的敬爱之情，到处传颂着他们的功绩，并且全力给以支援。

上海有个小姑娘杨惠敏以惊人的勇敢，冒着敌人的严密炮火，泅渡过苏州河，送上一面国旗。这一爱国壮举不仅对坚守阵地的战士，对全国人民来说，也是巨大的鼓舞。敌人死伤几十人，连攻四天四夜，没有讨到便宜。有位英雄战士全身绑着炸药和手榴弹，从房顶跳入敌人堆里，与顽敌同归于尽。

海粟深受这些事迹的感动，决心去四行仓库画下这页不屈的史诗。

商会会长王晓籁闻讯劝阻，认为他到河边去太危险。

海粟心如火燎，不成此画，寸心难安。晓籁准备陪他到宁波同乡会楼上去远眺一下战场，海粟嫌远，角度也欠佳。晓籁克服了畏惧心理，陪海粟去到一座装铁的库房，登楼北望。这时枪声震耳，硝烟蔽天，四行仓库屹立在红光中，上面飘扬着国旗。海粟用冷色画好周围环境，再写前景，沉着写生，直至完成。

上海很快成了孤岛。汉奸、日本特务无恶不作。大同、复旦、同济、交通、中法工专等院校组织了大学联合会，又创办了东南联大。从此，美专的教学进入了最艰苦的阶段。

印尼筹赈

1939 年春天，上海四周逐渐沦陷，已成为弹丸之地的孤岛，一切公开的抗日宣传悉遭查禁，艺术家们只能用曲笔来讽刺侵略者与抗战不力的当政者。弄堂中时有民族志士惨遭暗杀，正直的法官郁曼陀（郁达夫之兄）被刺，不少人失踪，永远没有下落。

2 月初，医师朱扬高、丁惠康来找海粟，希望他设法为上海医师公会筹款，购置药品。支援前方战士。

处于山雨欲来风满楼状态下的上海人民，谁还有欣赏花鸟、山水画的闲情？而要反映民众的抗战情绪，那唯恐触动日本人一根毫毛的当局又不许可。两位大夫一片热心，情不可却，乃商之吴湖帆等三十多位收藏家，决计举办一次古代名画展，突出有民族气节的书画佳作，用文天祥、史可法、黄道周、倪元璐、傅青主、龚半千、邓世昌、林则徐等英雄人物的名字，来唤起同胞们的爱国主义热情。

这一活动可能带来灾难性后果，展品也有被抢被毁的可能，这一点必须事先向收藏家们交代明白，但是民族存亡，事关重大，参加展出的人并不怕风险。个别人开始舍不得把画拿出来，如庞虚斋家，海粟就去了四次，经过耐心说服，使老人明白了道理，慨然借出名画。画商孙伯渊也拿出好多张精品。筹备结果，迅速征得自唐至清末杰作三百多件，琳琅满目。

海粟草成《国画源流概述》一文，印成小册子，作为代序。门口横幅大书"展我祖先遗迹，表现民族精神"等字，点出展览意图。

这次画展办得很成功，门票售得万元。接着，海粟又参加了吴昌硕遗作展的筹备工作，展出后反应同样强烈。主持人还有王一亭、吴东迈、王个簃、诸闻韵、诸乐三等。两次展出的收入，全部捐赠医师公会。

在这前后，谢海燕陪同华侨友人范小石来访，邀请海粟去南洋。几位爱国华侨领袖计划在南洋举办一系列大型画展，筹款支援前方抗日战士，救济后方受灾地区。

海粟连日收到匿名恐吓信；海燕劝他暂去南洋较为安全。小石也提出，去南洋的川资由华侨领袖们筹办。

从这天起，海粟白夜闭门作画，为南行作准备。美专师生，闻知此事，也都投入创作，热情支援去南洋举办义赈画展。

海粟申请去印尼（当时叫荷属东印度）入境签证，荷兰驻沪使馆推说要"审查"，迟迟不办。经过一些周折，海粟见到了荷兰驻沪领事，经过交涉，才获得签证。

李健、王个簃、姜丹书、朱天梵、来楚生、钱瘦铁、胡汀鹭、谢公展、关良，甚至年高的歙县女画家吴杏芬都捐献了自己的作品，加上学生们捐的画共计六百多件。海粟编印了一本目录，记载着这些中华儿女的一片热忱。在登上荷兰商船"芝巴德"号之前，日本军官对海粟的行李作了仔细检查，并以"不符合中日友好"为借口，扣下一张画，显然是落入了私囊。

"芝巴德"号一船长潘鳌，自称是"一个有良心的中国人"。他对船警敲诈贫苦旅客敢怒而不敢言，但对文化人还很尊敬，船过杭州湾后，他便将海粟请到船长室休息和用膳。

轮船航行了两天，抵达香港，海粟登岸走进九龙一条小巷深处，找到了蔡元培先生的寓所。

这使蔡先生深感意外。他起身相迎，但老态龙钟，步履迟缓。二人握手时，海粟感到一阵心酸，看来这位中国革命史、教育史、文化史上的巨人，离大归之日，已经为期不远了。

"你也搬到香港来住了？怎么事先没有来信，也不打个电话来，好去接你呀！"蔡元培的声音失去了往昔的洪亮，颧骨上也现出老年斑，暗黄色的眼泡，略带浮肿。营养缺乏，思虑过多，忧愤之情，隐隐可见。

海粟笑得很不自然，继而是一阵沉默。敏感的蔡先生意识到客人的忧戚，便唤周峻夫人拿出幼子英多的几张小画，要海粟来鉴定一下。

海粟注意到蔡先生身上的长袍已经很旧了，可以看出手头的拮据。他从来不治私产，而今物价飞涨，货币贬值，在香港作寓公，仅靠中央研究院院长薪金和商务印书馆每月请他看稿酬赠的编辑费，是难以糊口的，清苦是必然的。

饭后，蔡先生看过海粟新作《滚马图》，用杜甫"清新庾开府，俊逸鲍参军"诗意，在留白处手书"清新俊逸"四字。这是最后一次为海粟题画。

一年半之后蔡先生去世，海粟在南洋和华侨领袖们集会哀悼，报纸刊出了消息。

"芝巴德号"离港又航行了五天，始抵印尼雅加达市。当时还没有这一名称，用荷兰话说，叫"巴达维亚"城。

华侨公会会长丘元荣和代表人物刘宜应、范小石等十多人到码头迎接。

海粟在上海时刚降瑞雪，但在雅加达却热得气喘咻咻。丘元荣、范小石、刘宜应等先生送海粟夫妇到力士旅社安顿后，又伴同他们去广东饭店就餐。这时海粟已是汗流浃背，头晕脑涨了。

下午去拜访华侨代表人物柯全寿与孙源元。他俩不懂汉语，只能用法语交谈。他们对祖国的命运深表关注，海粟便将国内形势详细作了介绍。这些在国外出生的华侨俗称"巴巴"，大多数为闽人，其次为粤人，很少回过祖国，多经营制糖、橡胶、咖啡园、金鸡纳霜树种植园等。他们的生活习惯多近似荷兰人，大半以入荷籍自傲，看不起刚到南洋谋生的"新客"。新客多数出卖劳力，不入外籍。他们希望祖国强大，使自己能够扬眉吐气。

晚饭之后，天气稍凉，海粟走到海边散步，一排排的建筑物展现在眼前。欧洲人住宅区一色高楼大厦，样式与海牙无异，街心花园里盛开着亚热带名花，香风拂拂，生机盎然。而华人聚居区则和广州略同，街道狭窄，房屋低矮，也没有花园，一片贫苦颓败的景象，宛如两个世界。

夜间，华侨公会集会欢迎海粟，到场的全是华侨领袖，派别很多，矛盾交错，广东、福建各有体系，但爱国之情并没有两样。海粟被介绍给几位记者，次日，汉、英、法、荷、印尼六国文字的不同报纸，都刊登了消息，有的还发表了海粟的传略。

次日 8 时，各派代表人物二十多位云集海粟寓所客厅，用他所听不懂的印尼语争论不休。

半小时后，据范小石说，各派对于义赈一事达成协议，成立一个委员会来领导。

雅加达商会召开了欢迎大会，出席的侨胞超过千人，窗外、走廊都站满了人。

海粟在欢迎大会上略述了离沪的经过，接着叙述了日本侵略军在东北、华北和上海周围的暴行，也详细讲述了中国人民奋起抗战的爱国行动。在座的不少人抽泣，愤慨激昂，立即要求捐款。

大会推选出华侨领袖数人，协助海粟工作。大会决议以义卖的全部收入寄交贵州省红十字会，支援前方抗日将士。

场地选好后，每幅画的标题及目录分别用汉、荷二种文字印刷，布置很快就绪。开幕之后，真是盛况空前，不仅侨胞踊跃购画，一些荷兰观众也买去油画多幅。他们认为海粟的油画含有激情，具有东方艺术的特色。

1940 年 1 月 20 日《天声日报》出版精美画刊，印有海粟照片及王一亭、朱文侯、陈师曾、王个簃、吴杏芬、汪声远等作品 23 幅，还有董其昌的一幅古画，唤起侨胞故国之思，"扬大汉之天声"。

画展反应热烈，万隆、三宝垄、泗水、苏门答腊，爪哇等地纷纷来电，要求移该地展出。华侨领袖及全体筹备委员都为此而兴高采烈。

一连几日，海粟画了好多幅构图不同的松竹梅，分赠华侨领袖，

1940 年，刘海粟（前排左八）在雅加达主持"中国现代名画展览筹赈大会"

又常常与他们在一起游泳、跳舞、喝咖啡、谈古论今，逐渐建立起友情。

画展移到泗水展出时，东爪哇省省长凡得不拉斯与总督出席了揭幕典礼。省长还购藏了油画一幅、国画两幅。其中有一张雪景，就挂在省长官邸客厅。他说荷兰苦寒，印尼甚热，挂上雪景，减少炎威，也有思念北欧的意思。此人欣赏凡·高和高更的画，颇具眼力。他曾到万隆乡下华侨家的别墅中看望过正在突击作画的海粟。有这样比较开明的官员来支持，下面的爪牙就比较收敛些。其他各国领事也都前来

《雉》1940 年

参观，在印尼的义卖收入超过了 30 万盾，成绩很可观。

接着，荷印美术馆借得海粟作品百多幅，在棉兰、巨港等地巡回展出，所到之处，备受欢迎。祖国文化的磁力，吸引着千千万万的海外儿女。

画展在马浪展毕，又移至为纪念明初大航海家郑和而命名的三宝垄展出。海粟住在印尼糖业大资本家张天聪家。这位华侨领袖也是"巴巴"，但是眷念祖国，有正义感。他具有出色的组织能力，使各派

《泼墨红梅》1941 年

代表人物都能协力为画展服务。

因为频繁的易地展出，义卖掉的作品全靠海粟一个人来补充，所以每到一地稍事周旋之后，便躲到僻静之处突击作画。

海粟在这段时间里很少画油画，等到画展稍为就绪，画油画的兴趣又上来了。南国蔚蓝的大海，绿得滴油的椰林，异国风情，启迪了画家的灵感。

海粟画了一幅油画风景，是横幅，主调是黄褐色，赭黄地面上，细长的树影呈黛色，天色青中透黑。全画乍看是用大色块铺成，其实有线条纵横交织其中。

巴厘岛素称"诗之岛"，是举世闻名的旅游胜地，吸引着七大洲的游客，来此盖小别墅的欧洲人很不少。这里到处长着高大的椰林和亚热带的奇花异草，窄窄的小街，小巧的酒吧间鳞次栉比。这里全部用油灯而不用电灯。当地的男人酷爱斗鸡，女人都擅长跳舞。乐曲是土著与印度风味的糅合，节奏强烈。舞女们婀娜的舞姿，使游客陶醉。

海粟来到小岛上，画了斗鸡三幅：一为国画轴，一为炭笔在画布上勾出的速写稿，未着色。鸡的翅膀半张着，毛竖起，眼圆睁，十分生动。另一幅油画更为出色，左边的鸡躬起脊背，准备俯冲，右边的鸡严阵以待，都处于高度紧张状态，颈毛竖起似圆形"垫肩"，尾羽扬起，很像京戏中大将插在长靠背后的威风旗。背景画远树一丛，露出晴空一角，衬托着主体格外突出。

油画《舞女》，铜铸般的肌肉，机灵的眼神，长裙上色彩绚丽的图案充满动感，似乎酣舞刚刚结束。

《斗鸡》（油画）1940 年

《巴厘舞女》（油画）1940 年

　　海粟在这一时期画的油画还有《凤尾树》《碧海椰林》《万隆瀑布》《巴厘渔舟》《泗水别墅》《巴巴大抑火山》等。他自从 1935 年游欧归来后，在印尼画的这批油画，是他创作的高峰。在题材上扩大了，在技法上也有所发展，作品更加纯熟。

新加坡卖画

1940年9月，新加坡南侨筹赈总会收到该会副主席庄西言的来信说，刘海粟在印度尼西亚举办的画展，获得了巨大的成功，引起星洲华侨领袖们的注意。正在国内慰劳抗战将士的陈嘉庚先生，唯恐新加坡侨胞支援抗日的捐款运动落后于印尼，便请自己得力的副手、星洲南侨筹赈会副主席陈延谦邀请海粟，把画展作品移到新加坡展出。

12月21日，海粟应邀离开印尼，柯全寿、丘元荣、范小石、刘宜应、刘家琪等先生设宴送行。宾主回顾一年来展出情形和建立起来的珍贵友谊，不尽依依。

海粟23日到达新加坡。过去两次游欧，皆途经此地，故并不陌生。海粟在船上拟好了讲话稿，介绍国内抗战及在印尼的展出情况。

迎接海粟的有美专旧友刘抗、华人美术研究会代表徐君濂、南侨筹赈总会及星洲华侨筹赈会代表郭珊瑚。海粟开始住在吾庐俱乐部，两日后移到英国人开设的雪福斯酒店。

海粟在50天中画了八十多幅画，下午若有客人来访，夜里必须补上一张，方才就寝。

他在这里遇到了老友郁达夫。他们常常躺

《风景》（油画）1940年

在期颐园的草地上仰望星空，回忆郭沫若、徐志摩等知交，议论国内时局。

1941年2月18日，夫人成家和自上海来到新加坡，并带来美专师生一批作品。海粟考虑到国际文化宣传的需要，既要显示中国当代艺术的阵容，又要适应当地观众的欣赏习惯，对这批作品，进行了挑选。

2月22日，郁达夫编辑的《星洲日报·晨星》刊出了《刘海粟先生画展特刊》。特刊由重庆政府驻新加坡总领事高凌百题签；文章有郁达夫写的《刘海粟教授》，黄葆芳写的《文学叛徒与艺术叛徒》，梁宗岱写的《致刘海粟的信》，刘强的《我所认识之刘海粟》，画有海粟的《梅》与《风雨归舟》两幅。

2月23日在中华总商会举行画展开幕式，有陈嘉庚、郁达夫、杨惺华、曾纪宸、高敦厚、刘抗、黄葆芳、胡坤载、高凌百夫妇参加。高凌百剪彩，陈嘉庚先生主持会场。展出作品为584件，有一部分是古代名作，因受场地限制，先展出半数，2月28日再更换另外一批。

海粟展出的作品除在印尼展出的油画以外，尚有《安格垄苦力》《暮霭》《行云》《万隆歌女》《泗水别墅》《东爪哇黄氏山庄》《双马》等。国画有《梅花诗屋》《岩底住高人图》《读万卷书山水》《赤城霞图》《赤壁图》《鸲鹆图》《茂林石壁图》《雨山图》《秋滩息影图》，还有王济远、王个簃、姜丹书等人合作的《芦雁》《白头翁》《绿荫》《白鸡山茶》《东篱秋色》《九秋冷艳》等多幅。爱国热忱鼓励着画家们的创作热情，大多数作品充满着朝气。

星洲居民，华人占四分之三，约半数人通广东或福建话，华文报纸也有好多家，同祖国的关系密切，所以观众很拥挤，以致不得不将画展延长四天才闭幕。

3月8日下午，海粟举行茶会招待当地各界代表人物。两小时的

前不见古人兮不见来者
会天地兮悠悠 独怆然而涕下
辛巳九月三十日登金焦两岩
高峰有古今存亡之感因写此图
刘海粟

《前不见古人》1941年

《真龙》1941 年

观赏会，使来宾徘徊流连，叹为观止。来宾对中国画的造型特点、历代发展情况、艺术个性，提出不少问题，海粟逐一作答，使与会者眼界大开，矫正了他们对中国艺术的误解及肤浅轻视的态度。丘菽园《题海粟画册》的诗中，有"拈起柔毫写生纸，欧人推服美人惊"之句，概括出当日的情况。

30 日，歌星紫罗兰随郁达夫来访。她是以歌唱艺术来星洲从事艺赈的。远在北伐时期，她作为童星，已经用歌声慰劳战士，现在的爱国行为感动了达夫与海粟。达夫提出要为歌星写照，海粟便以铅笔画了一张速写，并答应改日再作油画肖像。达夫认为艺术家当以艺术报国，即使不扛枪一样抗战。这一观点，他写在海粟画展目录的序言中。这张速写也被他拿去在报上发表了。

1941 年 1 月 11 日，紫罗兰女士在小坡光华戏院粉墨登台，以表情歌舞《国家多难》和艳情名剧《织女》两个节目献艺筹赈。在她简短的致辞中，有"尤其得到各报记者先生、大文豪、大画家之特别爱护，更觉感激莫名"的谢语。大文豪、大画家指的就是郁达夫和刘海粟。

达夫在南洋是文坛的领袖，不少当地作家受过他的指点，培植了一批人才。他还热心撰文介绍延安鲁迅艺术学院的情况。个人生活虽遭挫折，但爱国热情不衰。他是海粟的知己，住地不远，常相过从，

百年巨匠
Century Masters
刘海粟
Liu Haisu

一同喝茶，共进晚餐。与海粟常见面的还有刘抗、黄葆芳、陈人浩、徐君濂、胡浪漫等人。

5月18日，由达夫推荐，成家和在电台演播《金锁记·监会》一折。

6月2日，达夫、君濂等为了提倡高尚娱乐，串联京剧爱好者立了"平社"。家和串演《打渔杀家》，观众反应很热烈。海粟看了演出，也很高兴。

海粟在新加坡演讲六次，或阐述中国画之精神，强调艺术家必须具有民族气节，然后才有伟大的艺术；或分析自文艺复兴以来，欧洲诸大家的源流派别，言简意赅，对推动新加坡的美术活动产生一定的影响。

7月中旬，成家和接到母亲病危的电报，加上因经济问题产生的分歧，决定单身回到上海。

客居生活过了半年，海粟应怡保侨领刘伯群之邀，于7月30日晚启程赴该地举行画展助赈。是晚，郁达夫、胡载坤夫妇、林霭民、林道庵、张汝器、刘抗、张丹农、陈人浩等数十人到车站送行。隔天下午抵达怡保，先下榻东方大酒店，旋由曾智强及冯超然导往会见刘伯群、张珠等人。海粟在怡保的义展，由当地侨领和文化界人士共同筹划，9月18日起一连3日，在怡保韩江公会举行。开幕当天，大会主席张珠代表霹雳筹赈会，赠颂词一首，题曰《艺术救国》。

怡保是锡矿产地，居民百分之九十是华人，多数是被殖民主义者以"招工"为名从中国骗来，当作"猪仔"卖给矿主的。华人居住的街道与祖国华南小镇没有多大差别。

海粟返回新加坡，达夫古柏派私人秘书开车相迎。此人是个中国通，早年在沪任过工部局总董事，善于察言观色，巧予应对。他一见面就提出：英国远东大臣达夫古柏希望见到海粟，大臣夫人还想请海粟作画一幅。海粟表示同意。

1941 年 12 月 8 日，日本侵略军发动了太平洋战争，不断派飞机到新加坡轰炸。英国军舰被炸沉，全船将士葬身大海，市民们四散逃命，乱成一团。

海粟去找达夫古柏，想离开星洲到其他地方去从事救赈义展。

次日，达夫古柏派人送来两张去印度加尔各答的飞机票。因为飞机上不许多带行李，他便把带不走的东西都送到胡载坤大夫家暂存。胡大夫两口子流着泪水，依依不舍。晚间，几位侨胞赶到胡家来相送，一直谈到天亮，才把他送到机场。海粟到了机场后，日军已经开始了空袭。海粟怕登机后在空中遇上敌机，又担心胡大夫夫妇的安全，又走出了机场。

海粟回到期颐园取出两张画挂在墙上，表示不计安危，要继续住下去。

第二天早晨，胡大夫拿来一张报纸给海粟看："昨天您幸亏没有动身，那架客机没有飞到印度，在途中被日机打伤坠毁。您真是福大命大，难得再生一次，我们要弄几杯酒来庆祝一下！"看过报纸，海粟长长地抒出一口气，一切多么偶然，多像在梦中！

2 月 6 日，海粟带着赐道、赐彰挤过蜂拥的人群，爬上离开星洲的最后一艘轮船。公超、凌百已在甲板上相候。船上以英国人、荷兰人为多，中国人不到 20 个。起锚不到半小时，日本侵略军便进入了新加坡。只见城市上空烟火弥漫，炮声隆隆，朋友们的存亡，无法猜度。

海粟乘坐的轮船快到爪哇，尾艄被炸弹命中，黑烟滚滚，直扑灰蒙蒙的天空。乘客们哭的哭、叫的叫，就像世界到了末日。

爪哇也是守不久的，叶公超、高凌百已经走了，一般老百姓，因买不到飞机票和船票，只好死守。侨友刘品三与海粟劫后重逢，不胜感慨。他把海粟和两个孩子接到万隆山中"邦加冷岩"去避难，住在刘品三开设的油坊里。

三十多天后，荷兰军队被迫向日军投降，海粟只好带着孩子搭汽车逃难。因三条通向万隆市的公路都被炸坏，汽车横冲直撞，误开进了敌人的飞机场里，遭到宪兵的盘查，幸而没有特别刁难，最后又把乘客们释放了。

万隆原是群山环抱的风景区，被日本侵略者占领后，秩序非常混乱。此处华侨很少，海粟和两个孩子没有钱住旅馆，只好投奔开洗衣店的上海同乡董麟玉。他是一位使海粟终生难忘的热心人，自家房屋很狭小，却毅然收留海粟等三人。这种患难中的援助，真是雪里送炭。一张小铁床不但夜里要睡三个人，白天也要蜷坐在上面看书。海粟一句一句地教孩子们背诵古文和唐诗。由于桌子小铺不开纸，不能作画，海粟只能写写字。三个月中，董麟玉不许他们出房门一步。

海粟病倒了，发烧高达 40 度，头部发昏，天旋地转。董麟玉非常不安，第二天上午 9 时，把他送到市郊一所天主教堂办的小医院里，那里环境僻静，鸟语花香，有如世外桃源。两天之后高烧退了，因囊中无钱，不敢久住。当他重新回到董家时，只见大门紧闭，贴着封条，邻人把海粟拉到屋里，低声说："先生，昨天你的亲戚董先生家里受到日军搜查，洗衣店被查封，人也被抓走了，请你快快走开，说不定附近就埋伏着密探！"

下午，海粟找到了从巴城来看望他的范小石、刘宜应和刘家祺三位好友。这时外面盛传刘海粟已经被捕，朋友们很不放心，才来接他到靠近巴城的小镇米斯脱去躲避。那儿有一座小别墅，是华侨修建的，比较隐蔽，可以安居。

朋友的盛情难却，他带着两个孩子在第二天擦黑时分混出万隆市，乘上范小石先生的汽车，直奔米斯脱去了。

回国婚变

1943 年刘海粟从米斯脱的日本人控制下逃了出来，经爱国华侨热心帮助，5 月间回到了家中。

"家和！"海粟在门外叫了一声，室内寂然。走到门厅，四壁空空，他放下手提箱，走进客厅，一股阴冷的气息扑面而来，只有梁启超写的对联挂在暗处，几只红木椅子面壁排列着，就像刚刚搬过家一样。

厨师福全从底层走上来，冷冷地说："太太没上南京去，还在上海，恐怕要离婚了！"

海粟此刻才看到桌上放着周佛海夫妇的放大照片，旁边题着："家和仁姊惠存，佛海、淑慧敬赠。"

"这是真的？"海粟觉得头脑一阵发晕。

"前半个月陈公博、周佛海、萧乃震还来吃过饭呢！"

《江山静钓》1942 年

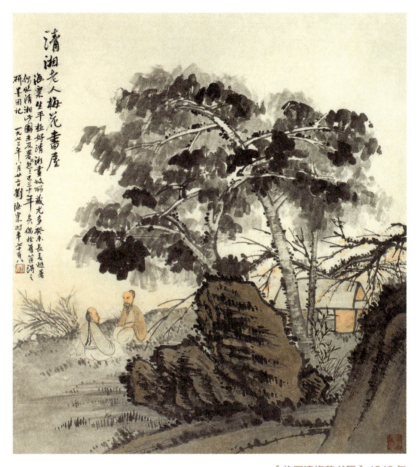

《临石涛梅花书屋》1943 年

福全端上茶来。

"知道了，美专还在办吗？"

"王远勃、宋寿昌几位先生还在办着，学生都到后方去了，没剩下多少人。"

"打电话请他们来一下。我在这里等着。"

一会儿，王远勃、宋寿昌、黄启元三位先生来到了存天阁，对美专师生的现状作了简要说明。远勃心直口快，将成家和近来同周佛海往来，萧乃震更是常客，弄得满城风雨的事，如实告诉了海粟。

海粟心中狐疑，妻子与萧某并无风流韵事，能够以德自守当然很好，如果万一他们之间已经产生了爱情，那也应当尊重其独立人格，强扭的瓜不甜，捆绑不成夫妻，只有听其自然了。

福全送来律师金雄白名片，远勃料是谈判离婚一事，便劝海粟上楼休息，由他和寿昌代为会客。

当夜，海粟倚墙而坐，未用晚餐。他怎么能超脱现实呢？

家和是颇有才干的，如果专心绘画、演戏都会有些成就，何必去攀附汉奸？

记得1932年，美专成立20年校庆会上，她主演董每戡先生写的三幕话剧《C夫人肖像》，饰C夫人一角，感情能够舒卷自如，形象很美，表演出色，显示了虚荣心与才华的混合。

后来，《晶报》上登出无聊短文和大帧照片，称之"美专校花""美专皇后""艺术大师之艺术夫人"，格调很低，海粟很反感，家和嘴上虽也说"讨厌"，可眉梢总有喜色。欧行和南洋筹赈画展中，家和很爱在大庭广众面前出风头，但这并没有引起海粟的重视。当年家和给海粟当模特儿时那种稳健淳朴的气质，逐渐在交游应

《复兴公园》（油画）1947年

酬之中消失了。想起这些，海粟真有些噬脐莫及，悔之晚矣。

午夜，海粟扭开电灯，看着从南洋带回来的照片，她依旧笑得很妩媚。这照片曾经抚慰过远方行人的乡愁，在刺刀面前给过囚人以力量。夫妻共砚千秋少，比翼齐飞之梦，化作镜花水月，难道不该给儿女留点情面？

海粟决计从艺术追求中寻找精神出路，这样，他感觉轻松了很多。

在一个暗无天日没有法律的沦陷区，所谓"律师"只能是一个讽刺。律师金熊白在次日上午 10 时，受成家和委托，自称以朋友的立场，而不是从法律的角度来劝慰海粟同意离婚，并告诉他：成家和办完离婚手续就与萧乃震结婚。

海粟已有思想准备，对此并不惊奇。他只希望萧某对家和要负责到底，不要始乱之终弃之，至于法律条款，海粟一向陌生，全部信赖律师，不会跟家和为难。

对海粟的艺术和人格，金熊白表示尊敬。

律师把这一切告知成家和，她羞愧而痛哭。当然，哭过之后还是要离婚的。

5 月 28 日，离婚手续办好，金律师请海粟签了字。海粟请他带了一封信给成家和。

翌晨，萧乃震来见海粟，首先声明："我没有参加南京方面的组织。"

"很好，你不辜负朋友的期望。"海粟在一月之前还写信给他，"感谢你对家眷多方照拂"，现在演变成这样，讲的政治，对方也误会到三角关系上去了。

萧乃震提出，为了家和的事，他异常不安，似乎不应扮演这种

《柳荫双骏图》1943 年

《踞虎图》1943 年

角色。"朋友妻，不可欺"，希望海粟与家和破镜重圆，以减少他良心上的重荷。

　　海粟认为他出语轻率，应对女方负责到底，不应当让她再添忧烦，祝福他俩白头偕老。

　　宾主默坐，好不尴尬，一刻钟后，萧乃震冷汗满额，手足无措，只好告辞。他和家和迅速同居，后来同奔香港，生下子女各一。女儿是颇有名气的电影明星萧芳芳。

　　离婚后难以排除的情怀，注入毫端，绘成《英雄落魄图》一帧，用的是霸王别姬这一题材，画捐给了救灾义卖展览会。题画七言古诗一首，是海粟 1949 年以前诗歌代表作。

蛰居上海

海粟自印尼返国后，蛰居上海，南洋华侨的眷属，纷纷前来探问南洋亲人的情况。海粟告诉他们要看到整个民族的危难，如果遇到亲人被囚、被杀的事情，不要感到意外，甚至不必存什么侥幸心理，亡国奴怎么能有好的命运呢？只有相信祖国是不可征服的人，才能忍受暂时的牺牲，奋斗到胜利的明天。

美专的大部分学生随倪贻德、谢海燕诸先生迁到后方，上海还留下将近 300 人，由王远勃任校长，和教职员们在风雨飘摇中坚持办学。

海粟拜访了华侨银行负责人陈维龙先生，谈及上海美专安贫守志，未领敌伪分文经费，房屋倒塌，教学用品大部损坏，无法修补，教职员欠薪不少，十分艰苦。陈维龙深表同情，便答应用房契代办抵押贷款 20 万元，半数维修校舍，半数解决教职工燃眉之急。

海粟来到学校，召见了全体学生，提出读书不忘爱国，发扬中华民族正气，做到不向伪教育部登记，不理会来文表格，不受节制，不参加集会，不领配给米，"五不"成为师生的共同意志，一直坚持到抗战胜利。

7 月中旬，陈公博以"中日文化协会"及个人名义要宴请海粟，海粟未赴宴。陈又写来亲笔信，说他已被选为"中日文化协会会长"，到会诸君共推海粟为"名誉理事"。海粟复信"绝对不能担任"。

几日后，日本人上野太忠登门相告，"中日文化协会"改组会议上，日方诸理事一致要求他来敦请海粟出山，务必赏光。海粟借口作画甚忙，各种活动概不能参加，上野悻悻而去。不料三日后，自称"上海市教育会会长"的周化民来信说，经上野先生代表"中日文化协会"亲自登门礼聘，承蒙海粟应允担任理事，同人均极欣慰，特此致书感谢云云。

海粟感到是非难分，便写一启事送至《新闻报》及《申报》，申明自己态度，但如石沉大海，始终未有见报。

谢海燕先生托人带来口信，要海粟去重庆，大后方的师生，惦记他的安全。

海粟决计一试。

1944年5月20日黎明，他悄然出门，来到上海火车站，挤在人流中买了票，似乎颇为顺利地登上去杭州的火车。短短的路程居然走了12个小时，刚一出站，一名日本特务河村已在站口相迎。他告诉海粟，日本大使馆已在上午电话通知驻杭州领事馆，要他在车站恭候。

河村用汽车把海粟送到了西泠饭店。

"杭州风景好，刘先生过去常来吧？"

"我是来写生的。"海粟只好含糊作答。

次日，他便租了一只小舟，在湖上画些风景小品。船工是老熟人，对海粟不停地诉说敌人的残忍与自家生活的贫困。

在杭州住了两日，海粟画了几张小品，就匆匆返回上海了。

1944年8月，日本人主持成立伪"全国新闻协会"，要海粟串演主角，海粟未答应。

1944年海粟与华侨姑娘夏伊乔结婚。在印尼期间，她见过海粟，向他请教过书画艺术。海粟的不幸遭遇，使她深表同情，当海

1944 年 1 月 15 日，刘海粟与夏伊乔结婚

刘海粟与夫人夏伊乔合影

粟写信希望她能来沪一见时，伊乔毅然辞家来到上海，从此几十年间与丈夫同甘共苦，在生活上照顾他，在感情上安慰他，在创作上支持他，承担繁重的家务，使海粟有更多的时间致力书画。她对海粟前妻所生儿女，一律视如己出，为邻里所称道，为儿女所尊敬。

她还主动将海粟前妻张韵士接回家中，在楼上安排住处，使她老有所养。张韵士去世后，伊乔操办后事，表现了气度，使老朋友们很佩服。

女作家赵清阁说："夏大姐很有才气，为了照顾老人，花费大量精力，否则书画上还有更高的成就。"

1946年美专开始复苏，谢海燕辞去国立艺专的职务，回美专担任副校长，协助海粟整顿教学。

1948 年，海粟去台北中山堂开画展。初到宝岛，风土人情，耳目一新，离台前二日，曾去老友许寿裳家探望，旧友重逢，初衷未改。他们回忆蔡元培先生许多往事，也谈到时局，互道珍重而别。海粟刚踏上飞机，报贩子叫卖的新报上就刊出了许先生惨遭特务暗害的消息。还说许老牺牲后大门洞开，家中财物未少，显然是因为宣传鲁迅思想而蒙难。许先生绍兴人，与鲁迅同乡、同学，又同在北京女师大和厦门大学任教。鲁迅辞职，许先生与之同进退，是一位忠于民族教育事业的长者。

潘公展邀请海粟去南京参加所谓"戡乱委员会"，未去。

《纵横郁勃》1948 年

美专发现从事特务活动的学生李文汉，被海粟开除。国民党上海市党部头头方治约见海粟，勒逼收回成命，遭到海粟拒绝。

1948 年 6 月 5 日，上海市大中小学准备在这一天举行反美扶日示威大游行。上海美专的同学日夜赶写标语和作漫画，供给各大专院校学生游行时需用，同时自己也作好示威游行的一切准备。反动派指使暗藏在学生中的狗腿子，对参加游行的学生进行了血腥镇压。上海美专有八位同学躺倒在血泊中并被关进了提篮桥监狱。海粟得知美专学生打伤后被捕，十分愤慨，立即和当时的上海警备司令宣铁吾进行交涉，表示强烈抗议，要求立即释放无辜被捕同学。在当时险恶的环境下，他不顾一切危险亲自到监狱去探望被捕同学，隔着铁窗，无法通话，只能以手示意。海粟与谢海燕找到市长吴国桢，保出了被捕的学生。

国民党派来的特务学生青年军把持着学生会，打击进步力量，还把女生周育洛逮捕起来，学校停课了，不少学生离开了学校。美专地下党支部领导师生，对他们开展了针锋相对的斗争，将学生会的领导权从青年军手中夺回来，号召同学"留校、护校、应变"，以迎接解放。

当时留在美专校内就餐的学生有百人左右，最大的困难是买不到大米和小菜。同学们缴纳的膳费若不及时换成银圆就贬值了，而家在外地的学生也根本无钱搭伙。伙食团面临断炊的威胁。学生会副主席陈秋辉，将此情况向海粟做了汇报。海粟慷慨作画，交给地下党员卢才干去卖，将卖画所得的钱买成大米和小菜，使伙食团又继续开伙了。

由于留校学生有饭吃，大家都积极投入迎接上海解放的各项活动中去。因此，上海解放的第一天，报上就刊登出上海美专学生如何欢欣鼓舞迎接解放的新闻报道，上海最热闹的大世界门前，也挂上了由上海美专学生绘制的大幅毛主席画像。

第四章 ｜ 情归黄山

黄山在刘海粟的艺术生命中有着极其特殊的意义，这座奇山常常令他魂牵梦萦，仿佛是师长、是朋友、是情人。一次次地登临，使刘海粟找寻到了自己内心深处与之共鸣的强烈回声。

解 放

中华人民共和国成立后，社会上出现很多新气象。新中国取消了历史上签订的一系列不平等条约，表现出觉醒了的民族自尊心；来自老解放区的优良作风，严明的军纪，这些都使海粟振奋不已。美专的经费也解决了。各种琐碎事务，再也用不着海粟操心了，他有更多的时间从事创作和研究工作。

对于院系调整，海粟是拥护的。他担任了华东高等学校院系调整委员会委员。不久全国院系调整，上海美专与苏州美专、山东大学艺术系合并成立华东艺术专科学校，迁无锡原江南大学校址及社会科学院二处办学。中央教育部聘海粟为首任校长。

华东艺专成立后，海粟拜访了上海市市长陈毅同志。他提出自己的政治水平低，恳辞校长职务。陈毅同志说："事务工作不用麻烦你，你挂个名，可以看看名山大川，从事创作，表现祖国山河与人的精神面貌之美。"海粟欣然同意。这时颜文梁找华东文化部长彭柏山，请求月薪降至30元，以余年到上海影剧院任布景师，适海粟也在彭处，他帮

20 世纪 50 年代，刘海粟在学校会议上

《无锡梅林》（油画）1953年　　　　　　《长城》（油画）1953年

助彭柏山，动员颜文梁出任中央美术学院华东分院副院长。

　　1953年，海粟在无锡太湖作国画甚多，旋去北京畅游长城，又作《八达岭长城》三幅，一幅赠傅雷，一幅赠南艺，一幅自存。

　　周恩来总理接见海粟及夫人，指出对于中国近代的美术教育及绘画创作，海粟均有建树，希望为新中国美术事业多做贡献。周总理要海粟保重身体，抽出时间，把与军阀及封建势力做斗争的历史写成书，以存史料。海粟表示自己身体尚佳，可以旅行创作，关于文字著作之事，可俟之他日。

　　次年重游杭州、太湖，又六上黄山，探幽寻胜，日出而作，日落而归，夜则与李可染、丁珍、戴岳、陈登科谈艺，孜孜不倦。创作之油画、国画风格为之大变，面目一新。

　　此后，去华北、西北、富春江、太湖周围作画，作品之多，是新中国成立前所没有过的。

　　在西安，海粟看了碑林及昭陵六骏石刻，认为可以与古希腊帕特农神庙石刻媲美。在临潼、骊山，观烽火台和长生殿遗址，怀古思今，作《骊山图》长卷；并在零下10摄氏度作青绿山水《梅山水库》，描绘伟大的治淮工程。

《北京天坛》（油画）1953 年

　　在太湖写《莫厘缥缈图》，得名家马一浮、冒广生、江庸、章士钊等题跋，在画法上有所突破。《震泽渔村》《太湖七十二峰长卷》，皆具新意。

　　1957 年，海粟在上海美术馆举行个人画展，陈列油画 119 件，国画 69 幅，观众甚多。谢海燕作序文说：

正当中国绘画受清朝三百年院画影响，临摹因袭，非常无聊的时候，他提倡艺术教育，一面发扬中国绘画固有的优良传统，一面吸收外来技法的精华，展开新的局面，借以挽救颓风。这是很有远见的……刘海粟先生在艺学上的主张，是兼容并包，学习传统，学习生活，办学校是这样，自己的创作实践也是这样。上海美专画派方面，西洋画包括多种多样的作风，中国画从极工细的到大写意，乃至岭南画派，同样没有歧视过，提倡不同画风的竞争，是刘先生一贯的主张。

1957年，海粟因对华东艺专迁去西安有不同看法，强调领导

《无锡太湖》（油画）1954年

《黄山人字瀑》1954年

《庐山青玉峡》1956年

《富春江严陵濑朝雾》1956 年

富春江嚴陵瀬朝霧　一九五六年劉海粟畫

人应懂业务，防止绘画公式化、概念化等言论，被错划为"右派"。这使他甚是惶惑不解。在被批判期间，他大书"忍"字，决心治学，忘却荣辱，在艺术天地中求得解脱与安慰。

使海粟最感内疚的事，莫过于愧对傅雷，因为傅雷去参加鸣放会，是海粟请去的。发言次序是周谷城、苏步青，傅雷第六，海粟第十二。海粟言毕，傅雷再次发言，同意海粟对院系调整的一些意见。傅雷戴上右派帽子后，不见客，拒绝参加任何会议，并对海粟说："该负什么责任，听候处理。有些善意的意见，我感谢。那些夸大其词的攻击，我反对，决不接受！"

1958年初，海粟突然中风，经解放医院抢救缓解，返沪继续治疗。

1959年底，病情稍有好转，多次由人扶着去复兴公园试笔，并去博物馆观摩历代名作。这时海粟研究钱舜举《蹴球图》中树林画法，觉得作者情绪藏于线条中，通过树木的造型抒发感情，和西方历代大家们的笔法有相通的地方。他悟出不少道理，但因力不从心，未能临池实验新法。

1960年为弟子李家耀（住马来西亚）题《宋人百花图卷临本》，并作《牧牛图》赠之。次年画《黄山》《牡丹》参加全国美展。《红梅》由黄怀觉刻石赠无锡梅园。

1961年，市委要给傅雷摘帽子，领导去他家，他杜门不见，后请海粟去转达此意，希望他不要反对，由夫人朱梅馥写几句表态的话。傅雷长叹一声，无言走进书房，轻轻地关上了门。海粟出院不久，腿手不太灵，对此场面，不觉泪下，连连道歉。傅雷突然大笑，出来扶他下楼，谈笑风生，欢如往昔，海粟知道不是出自内心，两臂颤抖，在寒风中握着傅雷双手，僵立于楼梯口，久久才分别。

这段岁月有助于海粟理解生活，平日对他唯唯诺诺者，多投以冷眼，甚至落井下石，无限上纲。海粟到南京时，俞剑华教授、工人陈世良，对他仍很尊敬，表示出正直不阿的品质。他的夫人尤其忠贞体贴，尽量为他安排好环境，让他从艺术中得到安慰。

1962 年临石涛《松壑鸣泉图》长卷，潘国渠、黄君坦、张伯驹等题跋。

出席全国政协会议之前，摘去右派分子帽子，与会期间，与何香凝、叶恭绰、章士钊、黄炎培、陈叔通、沈雁冰、郭沫若会晤。

文艺界人士欢宴于人民大会堂，沫若连呼"叛徒"携海粟手入席。主持人陈毅同志诵郭沫若《题九溪十八涧诗》。郭沫若很惊奇："您也能背出这首诗？"陈老总说："在老区也看新画，读新诗，当然会背。"

海粟住在民族饭店，周总理、陈毅、习仲勋要周谷城、陈鹤琴约海粟夫妇到北京饭店相见。周总理告诉夏伊乔，要照顾好海粟身体，勉慰海粟多多创作。

海粟携来西安所作《骊山图》长卷，请叶恭绰先生题跋。叶先生写下一段重要历史文献：

> 与海粟别数年，今春来京，以此卷见示，属为题识，且曰："吾意在以此为双方交谊之证，非专为此卷也。"余闻之，喟然曰："余将何言耶！下笔将罄纸不能尽，则且徒留形迹，以彰故人之过，非吾意也。"继思徐（悲鸿）、刘（海粟）二君与吾之关涉，深知之者究不多，不自言之，将揣篇之谈纷然而出，诚不如吾言之为当。且吾识二君时，年皆方少，余以奖励后进之怀，颇亦尽其引掖提携之力。二君交道不终，余方引为遗憾。徐君去世，余劝刘君力表其坦白惋悼之意，刘悉为之，似有类于挂剑，徐君地下当亦释然，二君门下亲

《外滩风景》（油画）1964 年

属，似不应当存芥蒂。且徐之对刘，诚有过举，然似为病态，
无事殚述，且是非终有定评。刘君其努力艺术，前途期乎远
大，为吾国增其声誉，则一时之得失，及交谊之亲疏，皆可置
之勿关念虑矣，因书此以归之。世之论徐、刘交谊者，不妨
以此为证也。公元一千九百六十二年夏日，遐菴老人书于京
师东城之矩园，时年八十二。

1963 年海粟再度中风，入华东医院治疗，适陈子展先生亦在
住院，时常见面，因病情比前次略轻，一年中海粟常常要求出院，
医生爱护，说要能作画，方算痊愈。海粟作梅花一支，方获准出院，
回家后，又作了三幅上海风景。

1965 年，新加坡郑光汉出版兰花集，作《师汉斋图》及《墨
兰》二幅，又写《黄山后海群峰》寄赠新加坡美协主席刘抗。刘抗
著《刘海粟与中国近代艺术》一文，评论海粟的为人和艺术成就，
收进了海粟题签的《刘抗文集》一书。

炼 画

1967 年深冬，海粟画成一张《五老峰雪景》，不敢多题字，只写了"今日奇寒大雪。"一句话，记载了大自然的温度和当时的政治温度。感受到寒流的是每一位有良心的中华儿女。海粟认为这张作品，是他最得意的代表作。六个字的画跋，意在声外，无声胜有声。

海粟已有五十多年未写《毛公鼎》和《散氏盘铭》了，现在全心临帖。他将帖和拓片远看、近看、逐字逐笔看，一个古拙深邃的世界向他打开了大门。他在跋文中回忆说：

> 学书必从篆始，求篆于金，求分于石。余自十三四岁时学篆书，十七岁至上海后此事遂废。今老矣，偶于废书中捡得《毛公鼎》旧拓，信手临写，不复有相可得，宁计其工拙耶？

另外他为自己八十岁生日所写的二卷散氏盘铭上，做了自我批评："迫以耄年，蜿蜒满纸，尚多懈笔。"后来在香港及南京展出本上，还对名家释文作了校勘，提出自己的看法。

潘受在周颖南处见到海粟临的《散氏盘铭》，跋曰：

> ……海翁后来居上，独兼众美而集大成，愈朴愈腴，愈拙愈秀，苍润古厚，和以天倪，韵味旁流，挹之莫竭。真得《散氏盘》之性情魂魄，岂独风骨乎哉！

百余年来，何蝯叟以飞腾老健见长，吴窓窓以峻拔苍润见称，吴昌硕以沉郁著名，清道人以老成多变过人，曾农髯以秀劲出色，

135

海粟置身其中，自具面目，实属不易。

海粟用日本绢写明人诗《重湖接屋水迢迢》长卷，长3丈。朱孔扬评云："海粟草书如龙。"香港紫扬撰文论及，认为似"明人书法。""取碑之严谨法度，取帖之雄浑气势。……具体来说，取东坡之趣，黄山谷之韵，米南宫之姿，用笔老辣、精悍、爽朗不拘，线条挥舞挺秀，余味含蓄。"后来海粟又用纸写了二通，转折处尤以篆味见长。

临张旭草书《诗四首》，秀拙可喜。

在废纸堆中翻出《群玉堂帖》残本，恰好是米芾《学书自叙》一节，海粟以破笔孬纸临写几遍，别有风味。他在跋文中说："钟

《鸡冠花》（油画）1974年

《泼墨荷花》1971 年

王不能变乎蔡邕，蔡邕不能变乎籀古，今古虽殊，其理则一。钟王变新奇而不失古意，庾谢萧阮守法而法在，欧虞诸薛取法而法分，降而为苏、黄、米、蔡诸公之放荡，犹持法外之意。愚于乱离中草草临米公此帖，怪诞百出，则慢法矣。"

作狂草多幅，常写的有杜甫《秋兴》八首，一气呵成，硬弩枯藤，不拘一格，风流自喜。1986 年，江苏美术出版社刊印了《归去来辞》手卷，跳宕豪辣，深受读者喜爱。

海粟在新环境中，阅历气度发生了新变化，作品风貌也随之老练恣肆，向浑涵的境地开掘。往日一挥而就的作风，现在为了珍惜纸张而变得"五日一山，十日一水"了。

赵佶的《锦雉山茶图》，用色单纯，古艳脱俗，线条秀劲，匀停工丽，却不纤弱，他以很多时间临了三张，均是 6 尺大幅，其中自留一帧，赠儿子刘虎及友人周颖南各一帧。

两次临写唐代大家韩滉的《五牛图卷》，其中一幅赠新加坡张振通，自留一卷，由张伯驹等题字。

两次临石涛《松壑鸣泉图》。海粟自称"血战大涤子",可见其临池时昂扬自得之态。其中一帧赠周颖南。

临倪元璐十段锦山水,吸收了钱舜举手法,耿介飘逸,寓炽烈于稳厚之中,有个性渗透于笔墨之内。

只有这个十年,海粟才能用这么多的精力去临写古画,从中获得丰富的养分,在临董香光没骨山水的时候,显然对海粟的大泼彩画法有很多启示。过去,他临唐子畏、李流芳山水,也很用功夫,但多是一气呵成,偶然为之,像这样系统而又集中的工作,只有他在巴黎临西方名画时有过。两段时间,对他的艺术而言,皆是转折。

《青绿山水》1975 年

海粟还集中一段时间作葡萄几十幅,或圈或点,或明或暗,乱而有序。老藤雄放道挺,中寓草书笔法,趣味盎然。偶然也题徐渭诗句:"笔底明珠无卖处,闲抛闲掷野藤中。"海粟更多的是对壮美风格的追求,如赠李家耀的一幅画,题道:"奔蛇走虺势入座,骤雨旋风声满堂,是日大风奇寒,手僵墨冻,点画狼藉,乃甚于三尺之童。徐增光谓此中真气流衍,古朴如拓碑,家耀以为然否?"

长子刘虎 12 岁从海粟去法,20 世纪 70 年代在联合国担任秘书长助理,主管总部工作,在他返国探亲前不久，海粟摘去了"现行反革命分子"帽子。儿子远洋归来，天伦乐趣唤起了老人的创作欲，作了几张画给儿子和媳妇作为纪念。

1975年，《海粟老人近作》在新加坡出版。潘受作序文说：

> 就画之范畴而言，才识而言，造诣而言，开风气而言，培植后学而言，沟通中西而言，综合贡献与影响，则二十世纪中国画坛，刘海粟当为最杰出之一代表人物。此殆可悬诸天壤，以俟论定者也欤！

刘抗、李家耀、黄葆芳皆在20世纪70年代之初返回祖国观光，并来沪访海粟。一别37年，见面久久拥抱，情难自制，海粟各赠以画。尔后李家耀和刘抗的画集出版，海粟都亲笔写了序言，并发表于香港《美术家》杂志。

《渔父图》1976年

过去海粟见过董玄宰临的张僧繇没骨山水，用色构图引起了他的好奇心，1956年，他曾仿画一张，把陈眉公的原题也录在画上：

> 画龙不点睛，点睛即飞去，画山不画骨，画骨失真趣。
>
> 幻化恣冲奇，君已得其意，萧萧屋数间，瑟瑟几株树，时有钓

《双松寿石图》1975 年

《没骨青绿山水》1956 年

鱼人，扁舟获花渚。玄宰不写色画十余年矣，此幅偶仿僧繇，

深入三昧，特为之指出。眉道人儒。

　　由于他早年在欧曾研究过野兽派画家的用色方法，后来作画也善
于用原色。1954 年至 1973 年作黄山多幅，由积墨而泼墨，由没骨重
彩逐步发展而成泼彩画法。作画时他先面对素纸，用墨笔勾出轮廓，
然后用碗将色调好，倒在纸上，任其溢流，复略加疏导，等其将干未
干时，浓处破以水，淡处渗以色，色水相生，互相渗化，各种色调，交

叠出现。云光氤氲，烟雨注漾，新境顿生，再经细心收拾，顺理成章。此画法他经过多次失败，反复摸索，才得运用自如。

海粟所做泼彩山水，多为忆写，直到 1980 年才在黄山上对景写生。1975 年八十岁生日，学生朋友来贺，他作大泼彩自寿，跋文写道："余八十岁生日，乘兴泼墨泼彩，神韵无毫差，视余豪气犹昔，他日未可量也。"他对自己的探索充满自信，与张大千在台湾所作泼彩画法殊途同归，可以并传。

艺术发展的历史，如同一条长河，汹涌而前，即使出现回流，也改变不了总的趋势，一切新的表现手法，都要接受历史和群众的检

20 世纪 70 年代后期，刘海粟与夏伊乔

验，抱残守缺，墨守成规都有碍艺术的发展。泼彩的出现，是在自娱
自遣的过程中，逐渐明确起来的画法。同时，海粟也主张，学画之初
主要应该打好写实基础，如果片面强调创新，去找所谓"捷径"放弃
刻苦练习基本功，必然要入歧途。

中宵难眠，妻儿入梦，海粟精读《老子》《孙子》，结合绘事，
颇有领悟。后来所讲"无色之色，实为大色"，以少胜多，水墨为
上；虚实相生，藏露映衬。这些观念，多从二书获得启示。

海粟作梅花甚多，干如屈铁沉凝，有时不画五瓣，以点为花，
情真意刻，有好几幅均书有 1974 年所作《水龙吟》一阕：

> 直教身历冰霜，看来凡骨经全换。冻蛟危立，珊瑚冷挂，
> 绛云烘暖，劲足神完，英华内蕴，风光流转。爱瑯瑯石鼓，毫
> 端郁勃，敛元气，奔吾腕。迅见山花齐放，醉琼厄襟怀舒坦。
> 乾坤纵览，朱颜共庆，异香同泛。三五添筹，腾天照海，六州
> 红灿。正芳枝并绮，阳和转播，称平生愿。

他还有乱点梅花及铁骨红梅多幅，笔墨老健狂肆，情绪饱满。

英中了解协会成员英纳丝·海顿夫人，当年在伦敦曾听海粟讲
过中国画，1973 年到沪来访，海粟写红梅相赠。

海粟在致黄镇的信件中赞美了梅花：

> 当朔风凛冽，天寒地冻，冰雪皑皑之际，独梅花昂然屹
> 立枝头。……她珍惜自己的早节，又保持自己的晚节。枝
> 团簇簇，永远俏丽，永远欢笑。我爱梅花，不爱昙花。

这些话对理解他为什么画梅，会有裨益的。

哑行者蒋彝，治学已名闻国际艺坛，返国过沪访海粟，海粟作
《庐山五老峰雪霁》相赠。后来复制一张赠夫人夏伊乔，小久改题
赠女儿英伦。

夫人伊乔常伴他去复兴公园散步，有几回还到西郊公园画熊猫，去漕溪公园及南翔写生。

上海市松江县有古松一株，元代杨廉夫曾有评题。海粟 80 岁时作丈二匹写生，酣畅狂放，逸宕凌厉，郁勃之气，发为七古长歌，可算平生代表作：

> 石湖荡市有古松，天生丽质人间少。我问松年松不言，秦欤汉欤无可晓。入门但见影婆娑，满庭碧色如春草。腰大何止十余围，风霜铸就容颜好。一层一层复一层，云气浮动四面绕。无风声亦似奔涛，不闻落叶呼童扫。望之俨若九头狮，作势挐空舞天矫。鳞甲苍然欲成龙，龙有老时松不老。画松亦当茂如松，万岁千秋同寿考。

这里可以看出他的气度和艺术个性。

1976 年元旦海粟在无锡太湖饭店作巨画《鲲鹏图》，从起笔到题就只用了 18 分钟。他常常集杜甫、李白的两句诗来表达自己的襟怀："丹青不知老将至，天地常在壮观间。"

《鲲鹏图》照片寄给香港罗慷烈先生后，罗君以词为答。结尾说：

> 骋霜亮，雷喧电激，穹隆尺咫。浩荡风云生劲羽，肯向华堂栖止？恐破壁，一飞无际。不恨楚公吾不见，恨诗仙不见吾鹏耳！浮大白，为公醉。

句法显然是受前哲"不恨吾不见古人，恨古人不见吾狂耳"的影响，内容是一片钦慕之情。

海粟原韵相和：

> 笔势凌空起，似桑林，骎然中节，硎刀新试。试作扶摇雕翮舞，来瞰九州红紫。正装点，好山好水。更泼龙香半珪墨，要苍龙腾踔云光里。一挥就，快吾意。雁头声价罗家纸，

许心期，琳琅词笔，天涯尺咫。唤起谪仙夸俊赏，发我豪情难止。问何日，归舟天际，春到吴江诗料阔，愿一樽相共从容耳。词未毕，心先醉。

和词受原作格律局限，很难达意。此首信笔写来，在韵律中求得自由。

海粟在新中国成立前作诗很少，词则更少见。经过多方搜集，现存者不过十来首。十载幽居，有机会重新阅读李白、杜甫、苏轼、辛弃疾等人的著作，诗兴大发，自80岁至88岁作诗将近百首。咏黄山及写松诸篇尤佳。古稀之年而学殖精进的例子，历史上不太多见。

周总理去世的消息传来，海粟掷笔悲泣很久。他挥毫作《松鹰图》并填词一首作为悼念。《天安门诗抄》出版时，此图印作插页。

1976年5月18日新加坡总理李光耀率政府代表团访华，在上海与教育部长李炯才同时会见海粟，海粟各赠画一张留念。

严冬遥夜总会过去，希望的闪电在天安门出现，惊雷不会遥远。

新的高峰

1976 年党中央粉碎"四人帮"。举国欢欣若狂,《文汇报》、上海美协联合举办赛诗赛画庆祝会,请海粟作诗画。他卷起被褥,铺下大纸,研磨乾隆时的朱墨在床上作丈二匹巨松三株,欢庆这历史性的胜利。画上填有《水龙吟》一阕,大会上高声朗诵,兴奋不已。阴霾扫尽,喜报如梦中。夜间拥被靠墙而坐,情绪勃发,难以入睡,连续几月,日夜奋笔疾挥,终日忘倦,作品淋漓痛快,人也像突然变得年轻了似的。

他在 1977 年春天致黄镇的信中说:

亿万人民齐欢唱的时刻,我画了许多画,是极力创新的。我希望今后的新创作是一连串的杰作,将超过我六十五年来所有的作品。我欲使它成为人生的自我赞美,对伟大的社会主义祖国之歌颂。

我在工作室里,处于创作的激情中画了将近四个月的画,甚至一天就创作三四幅画,有时又用尽心

《仿古山水》1978 年

145

《一枝画笔舞东风》1978 年

力，五日一水，十日一山。黄山、匡庐、急流、奇峰、紫藤、红梅、白凤、大鹏、荷花、葡萄，往往每幅画都要经过五六次之多的泼墨泼彩。每当我把一幅画完成后，题上诗跋，时而狂草时而行楷，自己张挂起来，就大声呼叫，并为那不平凡的作品得意忘形，以至屡次叫家人和许多老朋友及学生来欣赏我正在创作中的作品。有时也赴金山工地、青浦农村，创作油画，填词吟诗，创造性地表现炽热的生活，追求作品达到那令人神往的高质量。如果没有强烈的爱，没有生活，便没有任何意义的艺术创作。最近的许多作品，都以欢快泼辣的笔触表现灼热的爱。每幅画象征着全国形势朝气蓬勃，无限美好的前景。

1977 年春，上海大雪，在学生陈俊德陪同下，海粟兀立朔风中画《复兴公园之雪》。双脚冻僵，夫人送来一杯咖啡喝毕接着画，怡然自得，忘却了严寒。

8 月 23 日至 25 日，海外收藏家及长女英伦在香港大会堂八楼

《乱点胭脂红梅》1978 年

《芭蕉》1982 年

展览馆举办"海粟老人书画展览"。展出的中国画有 66 件，书法八件。香港报刊评论很多。展后选出 52 件作品，在香港出版。由饶宗颐、罗慷烈二教授作序。罗还撰有后记，介绍海粟生平及艺术成就。

李家跃在马来西亚报刊上称海粟为"东方毕加索"，锡吾称海粟之画为"创新的艺术。"

8 月 30 日海粟游上海西郊，作泼彩荷花三幅，墨荷一幅，各题绝句。一首改杨万里诗数字。"毕竟西郊八月中，风光不与四时同；接天莲叶无穷碧，映日荷花别样红。"另一首是他自行创作的："淋漓笔墨似风狂，泼出圆荷几瓣香，参到野狐禅透彻，忽然笔法胜清湘。"对这张画很自负，以为胜过石涛，至于野狐禅，是海粟对泼彩画的谦辞。泼彩画法，初创未久，不见经传，难免有人视为江湖术士及"野狐禅"。

1978 年，海粟应邀赴广东讲学作画，画熊猫立轴赠广东省文联。游览七星岩、从化、佛山。3 月，去广西作画，游叠采山。去桂林，泛舟阳朔，成油画六幅。

1979年1月16日，上海市公安局宣布为海粟的"现行反革命"案彻底平反；3月自京返沪，南京艺术学院集会，为海粟的右派一案平反，恢复名誉。

6月5日海粟出席全国政协会议，列席人大，并出席第四次文代会，当选为中国文联委员。不久又被任命为南京艺术学院院长。

6月26日起，在京由中国美术家协会、美协上海分会、中国美术馆联合举办《刘海粟绘画展览》，陈列1922年至1979年中西画及书法184件。黄蒙田在香港《大公报》上发表文章，对海粟的艺术生活作了回顾：

> 刘海粟当时追求创新的方法之一是"贯通内外"。许多作品显示出两种形式的互相影响。有些中国画山水的着色和带色皴法，山水的色彩线条，焦墨花卉的运笔山水和花卉的泼色，在一定程度上，使我们意味到后期印象主义油画的强烈色彩和简洁的线条；相反，在某些油画上的色彩和线条的运用方法，也使我们联想到它来自传统中国画。几幅桂林油画写生，我们就强烈感觉到，也是中国画的方法——主要是线条和色块组成形象的方法带到油画里去的。虽然油画的色彩和深色线条没有墨彩在宣纸上产生的晕染特点，但油画上稀薄的明快的用色，简洁概括的用笔，所构成的意境，却产生浓郁的中国民族气派。这种情

1978年，刘海粟与谢海燕在上海复兴公园

《汉柏》1983 年

况使我感觉到，刘海粟的"贯通中外"不是一分中国画加一
分西洋画那一类结合方法，而是二者不同程度的精神融汇。
我们才觉得这些作品是有油画特色的油画，但在表现方法和
构成的意境上有着明显的中国民族色彩。它的形式首先是油
画，就是中国画家注入了中国民族艺术精神的油画……

黄先生在预展前，看到海粟在巴黎所临摹的西方古典名画，十
分惊奇，认为"中国还没有一个人做过这样工作。"

美国电影演员合卜先生看了画展，十分着迷，尤爱《牧牛图》，
徘徊不忍离去。最后，他找到中国美术馆负责人，要求将此图及另

外 11 幅画列出价格。

美术馆负责人向海粟转达了合卜的意愿，画家表示不愿出售。

次日，文化部长黄镇打电话给海粟："刘老！为了中美人民的友谊和文化交流，让两张吧。"

海粟表示同意。他来到美术馆，合卜已在画前恭候，见到海粟就热情拥抱。

合卜说："手卷《震泽渔民》很美，我已请美术馆负责人量过了尺寸，愿出 20 万元，请允许让给我收藏。"

"这是劫后幸存之物，我要把此画留给祖国人民！"

"好！我请您去美国开画展！"美国客人不再坚持。观众们和工作人员都很受感动。

合卜宴请海粟、伊乔和女儿刘蟾，宾主尽欢。次日又来辞行，因为海粟去电视台拍片未见面，留下买画款外汇 7 万元。海粟在政协小组会上表示："全部捐给国家，用于'四化'建设事业。"

在京展出的作品于 1980 年 1 月移沪展出。北京的《美术》杂志，上海《文汇报》与《解放日报》均发表专刊；江丰、沈柔坚都写了短文，表示祝贺。

3 月作《墨梅轴》，题七绝一首，后来整理诗稿，嘱编名改为五绝："美德自天全，经霜愈耐寒；贞心如铁石，香馥自年年。"并说"推敲为老年人一乐，有人修改，功德无量，改一字如割肉哪还会有长进？"

仲夏在南京美森园作《万壑争流轴》，题道："但觉奔霆吼空谷，遥知万壑正争流。景真情实，以颜鲁公书法透之。"

苏州光福汉高密侯邓禹庙内，有号称清、奇、古、怪的四株古柏。海粟两次前往写生，不同心情和阅历，构成面目迥异的作品。

第一次作画在 1955 年 6 月 11 日。罗叔子先生为长卷题款，誉为"水墨神品"，周谷城先生"觉其纵笔所之，有一往无前之概，令人惊叹"。

1980 年 7 月 2 日上午，由著名画家张文俊陪同再次为古柏写生。海粟以左手中食二指抵住右手所握的笔管，悬肘挥洒写古柏"清、奇、古"于一张六尺宣上。"怪"柏被雷劈的半爿、伸延超出三张六尺宣以外，以动势带活全图。上午画了 80 分钟，下午略作收拾，并题款，颇为自得。

艺术评论家朱金楼，研究海粟的创作长达半个世纪，写过一些立论新颖、材料丰富很有文采的专文。上海人民美术出版社出版的大本《刘海粟油画选集》，朱先生撰写长达 2 万 5 千字的序言，全面评价海粟各方面的成就。

1981 年 1 月 4 日，海粟偕夫人由上海乘飞机去香港，随行人员有谢海燕教授及江苏省文化局长郭铁松。6 日，由香港新鸿基有限公司举办、集古斋赞助的"刘海粟书画展"开幕，展出国画，油画及书法作品 155 幅，大部为近年在桂林、苏州、黄山所作。谷牧、江丰、阮波、江苏省文化局、江苏省美协及朋友、学生多人拍来贺电。香港著名学者饶宗颐、罗慷烈，实业界人士包兆龙、包玉刚、李嘉诚、黄觉诚、冯景禧和夫人等出席了开幕式，由夏鼎基夫人剪彩。

新加坡美协主席刘抗专程来香港晤面。展出时间为一周，观众达 8 万人次。泼彩《锦绣河山巨幛》为冯景禧以百万港币购藏。这笔钱捐赠南京艺术学院，三分之一为奖学基金，其余作图书、器材费用。书法"精神万古，气节千载"被船王包玉刚以 10 万港币购藏。《黄山宾馆烟雨》为李嘉成以港币 35 万元购藏。泼墨《始信峰松林》《黄山青鸾峰》《万壑争流》(设色)《芭蕉樱桃》(设色)

1980 年，刘海粟夫妇与女儿刘虹、外孙女在常州红梅公园

《墨荷》《熊猫》《一树独先天下春》《鳜鱼》，草书《秋兴》《福寿》均被重金购去。

在展出期间，各报先后出了特刊。饶宗颐、罗慷烈、高美庆等先生对海粟献身艺术坚韧不拔的精神称颂备至。在学术上持不同看法的有邓伟雄。他说："老人用笔十分老辣，有千年古藤的坚韧。在这一方面来说，当代中国是罕见其匹。这种笔法用写水墨花卉的枝干、山的轮廓，是有其大的效果的。实在说，很多画就是因为有这一种笔法，才使之成为别具一格的作品。用的是很刺目的矿物色，感觉上使人觉得很俗艳。国画在结构上有也近西画的地方，写虚者少，而写繁密者多。在视觉上，很难显出一种高旷广阔的感觉。"

画家黄镇访问澳大利亚途经香港，特去看望了海粟老人。

由谢海燕撰序的 8 开大画册《海粟》出版。

1984 年，刘海粟在青岛与南京少儿书画会小会员们一起联欢

1985 年 4 月，全国政协主席邓颖超亲切接见刘海粟、夏伊乔夫妇

在香港中文大学讲学并当场挥毫作画。谈及 20 世纪 20 年代关于模特事件的一场斗争，尤其引起广大师生的兴趣。他的艺术修养与独特见解给学生留下深刻印象。

意大利艺术学院聘海粟为院士，寄来证书及金质章。海粟老人向记者发表谈话，强调荣誉属于祖国，自己仍然是个在探索中的小学生。

1981 年 9 月，中国画研究院成立于首都，天南海北画魁巨擘云集北京饭店西大厅。海粟与伊乔坐在首桌，左边坐着万里、姚依林，右边坐着谷牧、方毅，四位副总理向海粟夫妇握手问候，表达了政府对老画家的关怀和尊敬。

盛典次日，在 7 楼举行笔会，海粟作丈二匹泼墨黄山，用了 55 分钟完成。

海粟与许麟庐等画家同游颐和园，并同范子愚之子范曾论唐诗，鼓励范曾在人物画上开拓雄放健朗之境。海粟还会见了留法旧友刘开渠，并与张伯驹夫妇一起谈艺。

1982 年 11 月，上海美术界及美专校友会欢庆老人艺术生活 70 年，并举办画展。

1982年，汕头举行庆祝刘海粟从艺70周年大会

12月25日，江苏省文联、高教局、文化局、美协、美术馆、南京艺术学院，庆祝老人从事艺术教育及创作生活70年，办大型近作展览。李进著文评介海粟其人其画。

1983年4月作品移沪展出，张爱萍、汪道涵及老校友朱屺瞻、王个簃、关良、唐云等前往祝贺。

会场上悬挂着两张六尺宣写的大幅行草《金缕曲·美专七十年校庆》：

> 长笑观黄浦，七十年韶光似水，慨然付汝。慈母中华经百劫，依旧中流砥柱。喜雾散云开天曙，花涌香潮莺乱逐，望天涯俱是重生树。前年雪，知何处？樽前休作空豪语，发如银，丹青路上，犹思高举。愿把深情溶笔墨，泼出朝暾彩雨。创奇画，最新最古。还与良朋倾肺腑，踏天都同作青春舞，松万壑，奏金缕。

上海报纸发表了这首词。堪称一时盛事。

1984年，由袁志煌、柯文辉编辑的《海粟艺术集评》一书在福建人民出版社出版。共 28 万字，汇集了自 1918 年至 1981 年中外报刊上的评论 68 篇。作者的面很广，包括中、法、英、德、印尼、新加坡、马来西亚诸国的评论家。卷首为叶圣陶、胡厥文二老所写的序言。评论文章全面地评价了海粟的为人和艺术。除去蔡元培、梁宗岱、徐志摩、傅雷、路易·赖鲁阿、泌宁、朱金楼等人的文章之外，还有三分之一是新作。书末附索引及题跋摘萃，是一本科学性、资料性并重的书。

同时出版的还有《黄山谈艺录》，这是海粟四十多年来出版的第一本评论集。卷首有朱季海先生序言，另有程十发及戴岳二序，介绍了写作过程及主要内容。全书所选文章有的是海粟回忆故人康有为、蔡元培、傅雷、黄宾虹、丰子恺、潘天寿、沈逸千的，有的是谈个人作画体会和评论中青年画家的创作，内容比较广泛。

1985 年 5 月 1 日，山东美术出版社出版的《齐鲁谈艺录》问世。5 月 6 日海粟去日本办个展，将该书赠中曾根首相，得好评。

1985 年 8 月 4 日，海粟应邀去贵州作画。画了雄伟壮丽的黄果树大瀑布，成国画、油画，填长调词金缕曲，抒发了自己的喜悦心情。

8 月，海粟和伊乔去娄山关作画，瞻仰了红军烈士纪念碑。

9 月 1 日，他参观历史名城遵义会议会址；在周恩来同志住过的房间里留连很久，吟出"笠上雨犹湿，灯中火似明"的句子。海粟作了大幅油画，并向纪念馆赠送了大型书法作品。

海粟在贵州的创作和学术活动，记载在第三本谈艺录《花溪语丝》一书之中。该书还对贵州近代史上的几位著名人物，作了评价。

齐鲁之行

　　淳厚新风继古风，三生修得画山东，

　　乡情入砚成浓墨，恨我毛锥未化龙。

　　海粟多次到过山东，1984 年，他在青岛度过了夏末和秋天。

　　8 月中旬的一个下午，海粟老人步入宽敞明亮的大厅，会见南京市来青岛参加书画夏令营的小朋友们。

　　一个胖胖的小男孩给海粟系上一条红领巾。他笑着说："如果我能再年轻 20 岁就好了。亲爱的孩子们，路要自己去开辟，踩着别人的脚印走路，常常会带上无形的脚镣。在勤奋的笔耕中去发展自己与别人不同的个性，广泛地吸收营养，增强自己的创造力。"

　　孩子们听出了神，他们多么希望自己能够成为 21 世纪的刘海粟！

　　伊乔说："给孩子们写几个字吧！"

　　孩子们一齐鼓掌，于是磨墨理纸，好不起劲。

　　海粟看了孩子们天真烂漫的习作，心情很舒畅。他挥动斗笔，写了"真气流衍"四个大字。每个字直径超过一尺，写得敦厚宽博，墨趣盎然。

　　伊乔用一张四尺宣，写了"后来居上"的长幅，使小书画家们笑逐颜开。

　　8 月 26 日，海粟夫妇乘车来到平度县。上午，他们来到天柱山下，看了兀立在碑亭中的《郑文公碑》。早年他就听康有为先生说

《圆荷清晓露淋漓》1979 年

过："郑道昭堪称北方书圣，读郑文公碑，如食防风粥，口香三日。那气概是龙腾怒海，虎跃丹山，稳厚中见博大，可谓集北碑诸家之长。"老师的赞美引起他的向往。现在，他迎着阳光望着微褐带青，高3.2米，宽1.5米的古碑，感慨万端。

海粟听了平度县博物馆馆长于书亭的介绍，知道名碑已经受到国家的保护，禁止拓印，也禁止质量低劣的复制品冒充拓片流传。海粟连声说："好！好！日本、欧洲、南洋群岛，都没有这样的宝物，要保护好，传之永久。历尽兵火雷雹无数大劫能保存下来，就是个奇迹。我们的祖先多么伟大，写得好，这位无名的刻工刻得也出色。在封建社会里，多少天才被折磨而死，又何止这位刻工，无名的大艺术家太多了。"

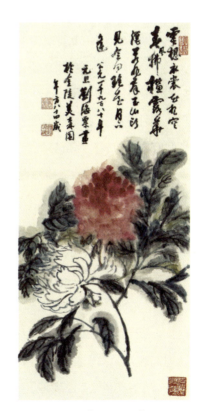

《双色牡丹》1980 年

于书亭同志小学毕业，多年来致力于郑道昭书法的研究，在刊物上发表过好几篇论文。海粟鼓励他说："没有牌子不要怕，没有真本领才可怕！看你的基础，是走过了一段艰苦道路的。你的字送到日本展出，只是个起点，不要满足。每个县都应当有几位土生土长的土专家，你的工作成绩就是一个好的例证。要提携有实无名、自学成才的苦干家。"

午后，海粟写了"环玮博达，绝壁生辉"八个大字，并为碑亭

20世纪80年代，刘海粟夫妇在黄山散花精舍作画谈艺

题额。

第二天，海粟偕伊乔参观了掖县大理石工厂。对大理石上天然的山水图画十分欣赏。他说："这是任何画家创作不出来，而且也无法复制的艺术。大自然也是一位凌越万古的大艺人！"

海粟告诉青岛市委宣传部长董海山同志："去年10月，我到了掖县云峰山，看了《郑文公下碑》，县里同志索书，我题了四句话：'林木深秀，涛声万里，一代文宗，万方光灿。'这字虽也想写得厚重些，可惜心有余而力不足。今天为上碑写的颜体《家庙碑》，还是我在10岁左右练的，现已五十多年来未习此碑，手生了，这是真生，不是熟后之生。烟台市委王济夫书记听了我的话，做出计划，把《郑文公碑》修建为旅游点，裨使中外书法家都能见到名碑。他们已经投资八十多万元，这对县里来说，已经是尽到很大努力了。"

几天后，梁步庭省长来看望海粟和伊乔。海粟说："山东大有可为，有山有海，潜力很大。地方上对文物也很重视，我在岱庙开玩笑说：'《张迁碑》《衡方碑》年纪已大，要改善待遇，不能再看守院子，让他们避开风雨安度余岁吧！'说过几天就迁到屋里去了。我在孔庙说：《孔宙碑》《乙瑛碑》《鲁孝王刻石》《礼器碑》《史晨碑》都有世界名望，可惜照明太差，让它们容光焕发，接受中外巡礼者的赞美吧！'也没过几天，灯就安上了。我在岱庙收了个青年学生郑兴业，他很勤奋，有关单位保留了他的职务，解决了差旅费和补助问题。你们山东领导人有气度，知道造就人才之难！"

海粟向梁步庭同志介绍了中国、日本、美国对康有为的研究工作的动态，希望把青岛的康先生故居建设成为一个研究"戊戌政变"的学术中心。

海粟在海滨石亭下画古松二幅，其中有一幅画，松下有伊乔的立像，并题古体短诗：

> 夜诵《庄》《骚》似有得，朝暾溶入淋漓墨。
>
> 写尔绝壁无言思振翮，任他海浪天风鸣恻恻。

几天后，海粟为海刚峰画像一幅，周谷城先生在北京丽都饭店看后题道："敬以直内，义以方外。"并且说："西欧请我去访问，我感到年纪大了，不敢去。老哥大我3岁，还照飞日本，给我添了勇气。我早年若能苦苦锻炼，身体更好，也能更多做些事情。"二老回忆起《学灯》时代同时写稿的朋友，除了宗白华尚健在，大都作古了。

接着，海粟又用10分钟画了一张钟馗。海粟题了一阕《西江月》，是昔年题林锴所画《钟进士醉酒图》的旧句：

> 看惯千年鬼魅，依然嫉恶如仇。
>
> 乌纱抛却更风流，换取香醪一斗。
>
> 世上鬼多人恨，寰球无鬼君愁。
>
> 存弓忍把兔狐留，怎敢皆填海口？

"像你么？"海粟沉浸在劳动后的喜悦中，说："大红袍很古气，一般人画钟馗，决不会画得这样有人味。钟馗有点忧郁，力量在脑袋里收着，全部外露就没有回味了。我近40年画得人物很少，

《五龙潭》1980年

兴味在风景上面，以后还要画人！"

海粟在山东完成了很多创作，大幅的有泼彩《泰山大观峰》。此画前景用丙烯蓝色泼撒，后景用墨烘染，云涛涌卷，壮不掩秀；右半部逐渐趋于浑浓健野，苍松挺拔，太阳半为云掩。上书七律一首，是他在鲁所写诸诗中的上乘之作：

> 望九韶华兴不穷，
> 登临东岳大观峰。
> 群峦突兀喷微雨，
> 独立苍茫啸大风。
> 青松翠柏皆挺出，
> 凌霜傲雪更葱茏。

何当更踏昆仑顶，无限天机入画中。

后来，他又将第三联改为"出水芙蓉殊秀洁，经霜松柏更葱茏。"这样容量扩大了，也对得工稳些。

在青岛作《熊猫》立轴一帧，题《西江月》：

> 眼镜虽云有色，依然黑白分明，天真憨直见多情，素食安居翠岭。赢得环球喜爱，不忘故里山林。演来杂技亦浑成，鼓掌催吾猛省。

伊乔作大画《兰竹寿石图》赠青岛市。在创作这幅画的过程中，海粟要她先起小稿，分别画出兰、竹、寿石，在笔墨意三方面都较满意后，再试大纸多张，选用其一。

海粟为重修的康有为先生墓，写了墓志铭，高龄作楷书，一丝不苟，和他过去写的碑大不相同。碑文也经反复推敲，三易其稿。

1985 年 10 月，康先生重新改葬，新墓离海不远，简朴的造型，配以丰碑，使康先生的女儿康同环和其亲属非常满意，对青岛市政府，表示了真诚的谢意。

海粟在纪念会上宣读七律二首：

誓扫疮痍救陆沉，公车悲愤集松筠；

一书上阙千秋史，万里投荒百折人。

海北天南忧国恨，春风秋柳故园情；

而今华厦宏图起，遍地新花耀眼明。

万卷罗胸学谨严，诲人忘倦感师贤，

春风满座花如海，秋水连云月照天。

功过分明书史册，诗文彪炳胜当年，

无才愧我空头白，挥泪书碑立墓前。

伊乔献上自书的挽联：

夏莲未识梅花面，葵藿长怀向日心。

海粟勉励山东艺术学院于希宁副院长，在搞好教学的同时，在创作上要有一个突破；希望山东出版界老战士宋英，把余热用于研究家乡的古碑。谈到碑刻遗产，只有陕西能和山东媲美。读碑要实地扪读，从书本到书本是易于出差错的。博学如欧阳修尚将《李翕碑》误断为《李会碑》，就是根据不清晰的拓片匆忙下的结论。欧阳棐著《集古录目》一书，照抄欧阳修亦错。古代学者都有差误，我们如不勤奋踏实，怎么会成功呢？

《石景山》1982 年

海粟已近十年未写甲骨文了，9月24日，写成甲骨文小品，寄给了河南安阳殷墟笔会：

> 维我先民，勤勇博文；
>
> 殷墟甲骨，何岳同存。

10月初，参观了当年德国侵占青岛时德国提督的官邸，当地群众称之为"提督楼"。这座北欧宫廷式的建筑现已辟为宾馆，为国内外旅游者服务。伊乔书六尺巨幅赠该馆：

> 青莲佳境，歌德诗魂。
>
> 中西合璧，劳我先人。
>
> 今归民有，天地多情。

在汇泉宾馆会见青岛著名画家张朋、隋易夫等同志，作铁干梅花留念。

那段时间，海粟背上有一囊肿，每冬必发，十分疼痛，在省市领导的关怀下，住进青岛医院，作了手术。海粟感慨地说："山东不愧为我第三故乡，我受到父老们骨肉般的照拂。在中国画史上，很多杰出的天才，如汪士慎，到了垂暮之年，流落江湖，双目失明还要卖字。乔大壮是鲁迅喜爱的书法家，新中国成立前夕饿极在京自杀。我的晚年过得很幸福，旧时代的恶梦，是一去不复返了。"

出院后，他完成了平生最大的一副对联，每字盈尺，全文34字，写毕寄黄鹤楼：

> 由是路，入是门，奇树穿云，诗外蓬瀛来眼底；
>
> 登斯楼，观斯景，怒江劈峡，画中山水壮人间。

海粟又作牡丹两幅，一连多日，沉浸在劳动后的喜悦中。

为了培植后进，特地作简笔人物一幅，赠柯文辉临摹。画中人分别骑驴马，背道而驰，墨趣可掬。此画后来在日本展览，很惹观众注目。

访日纪盛

1983 年末，海粟应邀到北京钓鱼台国宾馆，绘制巨幅泼彩《黄山》。来自日本的新知和故交六人，取道上海，飞抵京华，请他去日本参加今年举行的中部书道成立 50 周年大庆。

海粟说："江苏书法家很多，可以多请几位去交流学术，何必只请我和伊乔两个呢？"

他们从善如流，就照海粟的话办了。1984 年 6 月 8 日，江苏省书画家代表团一行六人：刘海粟（团长）、夏伊乔、陈大羽、尉天池、郁宏达、沈才元，飞抵日本名古屋。

这是一座在近 15 年内发展起来的古城，现代化建筑鳞次栉比，马路宽阔纵横交错，一切都给人以新的感觉。代表团被安排在市内最大的饭店观光大厦住宿，中部日本书道会举行了隆重的欢迎仪式，给代表团员献上了象征友谊的花束。

6 月 9 日，晴空万里，代表团从观光大厦驱车迳往爱知县美术馆。这座文化建筑风格别致，宛如放大了的玉雕艺术品，点缀着名古屋的市容。在美术馆大厅，代表团受到了观众的夹道欢迎，并接受了献花。馆内的展览厅，每个室都是那么宽敞、明亮、舒适，体现着日本人民独特的设计匠意。"刘海粟书画展"和"江苏省书展"，计有 64 件作品，和其他展品共同布置在各个展室中，作品精工装裱，组合有序，琳琅满目。参观之后，代表团专程去爱知县县厅和名古屋市政府拜访，互送了纪念礼品。下午又去拜访了中日新闻社，由社长加藤己一郎接待。海粟疾书"天风海涛曲未终"诗句相赠。他兴奋地说："我们飘海而来，谱写的友谊之曲还刚刚开始呢！"社长高兴地答道："今后看到刘先生的题词，就会想到要办好我社。欢迎刘先生再来访问。"

晚上别具风格的"恳谈宴会"，仍在观光大厦内举行。日本国会议员、政界及社会名流与会者很多。我国驻日本大使宋之光，也应邀赶来赴会。宴会气氛热烈。爱知县美术馆馆长中川多津己说："我们美术馆重建整整 25 年了，我们等待刘海粟教授的来访和书画展览，也整整 25 年了。刘海粟教授的展览和江苏省书画展，在名古屋影响极大。"海粟说："57 年前我来过名古屋，今天故地重游，看到变化很大，感慨万千！日本民族是一个自强不息的民族。日本人民在受过两次大的灾难后而能够崛起，令人敬佩！"宋之光大使在宴会上讲话，对拥有 3800 名会员的中部日本书道会，为中日友好和文化交流所作出的新贡献作了高度的评价。宴会上宾主沉浸在推心置腹的阵阵欢声笑语中。

6 月 10 日这天，阳光把大地照耀得分外明亮，大厅内人们热烈地观看《绘画大师刘海粟》大型电影纪录片。这部影片，真实地展示了海翁不知老之将至，九上黄山，勇攀艺术高峰的业绩。看完电影，稻垣菘圃先生激动地说："通过这部电影，大家一定能够十分清楚地看到刘先生是一位伟大的世界艺坛巨人！比国宝还重要的刘先生，在百忙中特地赶来参加中部日本书道会创立 50 周年的纪念活动，没有比这个更使大家高兴的事了。对此，我再一次表示衷心的谢意。"讲到这里，他已热泪盈眶，激起了大家的共鸣，很多人眼睛润湿了。

接着是海粟的演讲会。他说："有缘参加盛会，十分高兴。日本书法艺术发展很快，流派纷呈，风格多样，具有自己的民族特色。中部日本书道会建立以来50年间，名家荟萃，成绩卓著，影响深远并为发展中日两国人民的友谊和文化交流做出很大成绩。去年稻垣菘圃先生曾率代表团访问江苏，同中国书家一起挥毫谈艺，给我们留下了很深的印象。"

刘老的讲话，使全场情绪沸腾起来。艺术交流的书画挥毫盛会，更使友好的热浪推向高潮。

6月11日，由名古屋到达东京。11时半在我国驻日本国大使馆，受到宋之光大使和李清夫人及使馆同志的热烈欢迎。日本著名画家平山郁夫先生，应宋大使邀请已提前来到使馆。会见的气氛非常热烈，宋大使请大家一起共进午宴，边吃边谈，非常亲切。

14号上午，海粟一行在京都瞻仰了周总理1919年于岚山留下的诗草石碣。石碣上铭刻的总理的光辉名字，不正是中日人民历史上友好的见证之一吗？海粟颇有兴致地告诉大家，他也曾于1919年到过岚山，真可谓历史多佳话了。此外，代表团还游览了金阁寺、南禅寺，领略了日本古老的民俗风情。

第二天，在大阪机场，宾主依依握别。代表团成员满载着日本人民的深情厚谊，返回了祖国。

三个月之后，日本中部书道会会长稻垣菘圃先生率领代表团回访中国，下榻于南京金陵饭店，再次进行了学术交流。

一位日本书法家说："我读了海翁大著《齐鲁谈艺录》，其中对郑道昭的研究文章非常出色，对于魏碑的渊源脉络，考证详明，文风质朴，开门见山，书也印得很精，只是插图嫌少，愿大师多作这样的专题探讨，对中日两国后学，都获益不浅。"

海粟即席赋词，写《满江红》一首，赠给日本朋友：

　　旭日腾辉，烧红了富士山色。名古屋华堂高会，连翩裙
屐，书道百年欣及半，艺坛万法终归一。看鲲鹏击水上青冥，
搏风翼。旧游梦，将六秩；今再到，狂挥笔。喜东方狮子，豪
情如昔。芳树嘉樱添友谊，锦囊好句酬佳节。愿中日世代永
相亲，传无极。

　　5月15日上午10时，座落在东京永田町的首相官邸里响起一
阵掌声，在这里日本首相中曾根康弘同中国绘画大师刘海粟正在
进行亲切的会见。

　　首相愉快地接受了海粟赠送给他的《后海云雾》中国画。画面
上一片茫茫云海、奇峰巍巍，气势磅礴。他连声赞美："大师思路
敏捷，胸襟豁达，实在太精采。黄山的葱茏风韵尽入画中。"他还
高度称赞了海粟将水墨画同西洋画有机的结合在一起，创造出一
种新的艺术境界，无愧为世界美术史上一个光辉的里程碑。海粟
说："首相的书法也写得很好。"首相说："实在不敢当。在书法方
面，还得向您老人家好好学习。"日本各大通讯社纷纷以醒目的标
题，如《文人宰相受宠若惊》《文人宰相会见中国艺坛巨匠》等等，
向日本人民传递两国友谊发展新里程的新信息。

　　李炯才大使，曾以重金购藏海粟大师的珍品数幅。他本人也是
多才多艺的政治家和外交家。他演奏的古琴曲被灌制成唱片、磁
带；他的绘画作品多次参加重要展出并被收集、发表；更可贵的是
他不忘炎黄子孙，视海粟大师为中华民族的骄傲。海粟也十分珍
视这一友谊。这位身负重任的外交家百忙中把海粟请到新加坡使
馆驻里，拿出自己的作品请教。海粟观后说："恕我直言，你的画
似乎在学我的风格。"李大使忙说："先生说对了，我早就暗地里拜
你为师了，并一直在学你的画风，特别是你的泼彩，太生动了。"海

1985 年 5 月 8 日，刘海粟夫妇在日本东京高岛屋画廊

粟听罢大悦，当即在李大使画的《黄山》轴上题诗一首："黄山雄姿峙古今，李翁周甲此登临；目空云海千重浪，耳熟松风万古音。"他说："黄山风景令人神往，我已九上黄山，这还不够，今年夏天要十上黄山。"李大使当即表示："作为你的学生，我愿随先生十上黄山。"

日本东京南画院院长片桐自登先生谦虚好学，多次拜访，呈上自己临摹的《刘海粟黄山记游》画稿，请海粟批改，并说："先生画的黄山云雾，是活的。我临的黄山云雾却是死的。今后还得向先生您好好学习。"在南画院举行的晚宴上，画院的先生、女士们一致表示要以海粟大师为师，学习中国水墨画。有一位年过半百的学者，为表达虔诚之情，竟向刘老长跪不起，此情此景实在令人感动不已。

海粟返国后，即赴华东医院检查身体。7 月 9 日下午，中曾根首相委托日中友好协会理事村井隆先生专程到上海来看望海粟，并赠送了一座"沈金"石英电子钟。金色的钟面琢刻着精细别致的花纹，红褐色的外壳光洁似镜，如同脱胎漆器，十分精致。坐钟的背面用金粉写着："赠刘海粟先生。日本国内阁总理大臣中曾根康弘。昭和六十年五月。"

海粟对中曾根首相的厚赠表示深深的谢意。他说："这件礼物体现了中日两国人民要世世代代友好相处的愿望。"

九上黄山

黄山是我师，我是黄山友，

心期万类中，黄山无不有。

——石涛题《黄山图》

　　黄山为天下绝秀，千峰万嶂，干云直上，不赘不附，如矢如林。幽深怪险，危奇百出，晴岚烟雨，仪态万方。其一泉一石，一松一壑，不仅能触发诗思，惠你画稿，提供无限美境，使你心旷神怡，使你目瞪口呆，使你无言对坐，寝食皆废，以至阔别数十年后，仍能保持极深

《黄山清凉台》（油画）1954 年

《黄山温泉》（油画）1954年

《黄山西海群峰》（油画）1954年

印象，一朝念及，回忆便如飞流倾写，纵然白发垂耳，心情也贴近生命的春天！

祖国山河，如此壮丽，如此丰饶，怎不令画师折腰、诗人袖手？

"到此方知"，"不险不奇"，"无话可说"……前人题的这些短句，正是对黄山反复评味之后，作出的公正评价，概括了成书的几百篇散文，四千多首诗词。

海粟爱黄山，六十余年间，登临九次，常看常新。留下的速写、素描、油画、国画，大则丈二巨幅，小则册页，如果汇集起来，能印成一大厚册，但仍感画不厌，看不足，可见感情之深厚，难以言传。

"不上莲花、天都，难解海老作品之雄奇恣肆；不看海老绘画，难识黄山之浑涵汪茫。"这段话是一位女记者说的。

"全似刘老，岂不委屈名山；全不似画家，黄山何烦刘老？"这是青年画家杜雪松说的一段话。这些话出于尊敬，有后学的溢美成分，但也说明了在海粟的艺术王国中，黄山居于首要地位。

"我看青山多妩媚，料青山见我亦如是。情与貌，略相似。"这是辛稼轩凌越千古的名句，道出人与自然交流中的契合无间，浑然一体。海粟与黄山也是这样的关系，尽管他还不能与辛弃疾并论。

海粟第一次登黄山是在 1918 年新秋。当时有一位美专的学生，家在歙县汤口，他约海粟同登黄山。那时从芜湖到徽州还没有公路，只得取道杭州坐船到屯溪。海粟在屯溪中学和汤口各住了一宿，第二天一早便踏着茅草丛中的小径，直向桃花溪奔去。三里之外，便远远听到泉声雷吼，越往前走，小路似有似无，不易分辨，过了皮棚，已无路可觅，只好抓住树根秋草，往上攀援，下午 2 时半才到鲫鱼背。这里石路只有两尺宽，左右都是削壁千仞，谷深看不到底，狂风怒啸，两边又没有栏杆，只能蹲着身子，挪动双脚缓缓前进。浓雾弥漫，石路湿漉漉的，滑腻难行。海粟又累又怕，心如擂鼓。他们坐在巨石上气喘如牛，相视而笑。

劳累与冒险对登山者来说，是换取美的享受的必要代价，也是一种心理上的满足。两人躲到避风的巨石背后，啃着玉米面饼子，虽然又凉又硬，但其味之美，胜过佳果美肴。吃罢干粮两人仰头接饮石沟滴下的山泉，寒入心脾。两人举目浏览，但见群山拱服，瀚海无涯，云层薄处，现出天海小平原，翠碧如洗，使人心胸豁然开朗。此种幸福，非身临其地者不能知。笑彼灯红酒绿，纸醉金迷，狂热追逐利禄之辈，又奚足以语移山耶？

海粟掏出一本浸透汗水的《徐霞客游记》，临风朗读，回声叠起，空谷和鸣。

"吾师尚未及盛年，数十载后，鹏程万里，何让古贤？"

"不要之乎者也，我又不考你国文，老说笑话，浪费光阴，还是朝

《云海翻腾贯新忆》（油画）1954年

山顶上闯吧！"

"不能上了，爬到顶上再回文殊院，天要黑的，看不见路，遇到野兽不好办，上面没有地方下榻啊！"

海粟只好收拾起书卷，站在一块石板跟前，打开墨盒，用毛笔匆匆勾了几张速写，记下一些印象，只作为草稿，准备将来用于创作，想不到1981年冬天无意中在废报纸中找到几张。其中有一张是描绘云海的，场面宏伟，逸笔飞腾，使他忆起"中原北望气如山"的青春岁月，感到无限惆怅。

第二次上黄山，沿途走得较为从容。在屯溪看了新安江，在歙县也曾小住，画过十六孔白玉石大桥，在师范住了一夜，有一位女图画教师是美专毕业的学生，对校长迎送甚恭。可惜这次登山写生的画稿都已散佚了。

文殊院门口有蒲团、骐麟、迎客、送客等古松数株。枝干虬曲，雄姿各异。海粟概括诸松特点，塑造劲松一株。树冠呈半圆形，左右及上方都布满枝叶，树干则自正中向右上角伸展，以枯笔勾勒，复以淡墨渲染。最下的干枝以小篆笔意写出，使树增加了层次。因为笔太软太秃，藏锋多，出锋少，加重了画的分量。又因纸质太劣，无需珍惜，随意挥洒，笔墨奔放不羁，无意间竟得自然天趣。

蔡元培、沈恩孚、李健先生为《黄山松》题了诗。蔡先生书法秀劲，有学者风度。诗写得有哲理，从一句注释，能看到他的一丝不苟：

黄山之松名天下，夭矫盘挐态万方。

漫说盆栽能放大，且凭笔力与夸张。

沈信卿（恩孚）先生见到这幅作品时，已是73岁高龄。在闲章上方，命笔写下他口占的一绝：

拥衾僧院寒于铁，起写黄山一古松；

何处不留真面目，偶挥秃笔化虬龙。

李健用怀素式的狂草，在画的天头写了一个诗堂：

虬干凌霄根拔地，郁郁亭亭耸寒翠。

不知宇宙有冬春，哪管人间荣与萎？

与此画同时创作的，还有一张《孤松》。树的躯干造型，象个钟鼎文"子"字，曲曲折折，疙疙瘩瘩，惊若奔螭。松根盘曲，如龙爪抓地，小枝和松针疏密有致，给树增添了立体感。树的全身取动势，表现迎风而立。右下方用枯笔画线数条，随意点苔，作为山的侧影来平衡画面。此画曾参加过展出，好几家报刊发表了该画的大幅照片。此图特别吸引观众和读者的原因，在很大程度上要归因于陈独秀给它题的画跋：

黄山孤松，不孤而孤，孤而不孤。孤与不孤，各有其境，

各有其用。此非调和折衷于孤与不孤之间也。

1935年海粟第三次登上黄山，在"四瞩怖汗"的始信峰顶作一幅《朱松》，后来收进了《海粟国画三集》里。画面突出松树不怕风霜的风格，用笔很有气势。沈若婴老人题诗：

扪到危峰石罅松，万千气象早罗胸；

衷中跃出如椽笔，不觉绛云已化龙。

这年冬日海粟画的《黄山松》，上有小记：

己亥十一月游黄山，在文殊院遇雨，寒甚。披裘拥火犹

《揽天都之奇》1954 年

《黄山云海写生》1954 年

不暖，夜深更冷，至不能寐。院前有松十数株，皆奇古，以不
堪书画之纸笔写其一。

画上印章朱文有"海粟创作"，白文有"艺术叛徒"。右下角盖
有白文自勉闲章"百尺竿头须进步"，是陈师曾先生刻赠的。

一年之后，海粟四上黄山。现存的作品仅剩下三幅国画的复制品。

一张画面取始信峰一角，把"梦笔生花"与去松谷庵途中的瀑布画在一起。用卷云法写出云海，缥缈浮沉。把西海及云谷寺西之群峰略加变形，移来作为衬景，画在石壁后方。这样处理是想概括"黄山之性"，使人一眼便看出画的是黄山，但又不是具体的某峰、某松。蔡元培先生题了一首四言诗，有偈语风味：

> 岩岩高峰，蓬蓬云海。俯仰之间，得大自在。

另一张黄山有石涛的笔意，用虚实不同的手法，画双山对峙，远峰屏列；行云漂浮在山腰下方，愈显层峦之高，山势之雄伟。海粟藏有黄道周所作的二十九株苍松长卷，随时研究，刻意学习。图中的四株苍松深受黄画启迪。画跋写道：

> 一九三六年大寒游黄海，不唯人烟绝迹，飞鸟亦罕。朔风刺骨，虽老游者亦少至焉。因知名山唯其与人世隔绝，故松气、石色、烟云、日光均自成古旷，与太清接。草草提笔造斯图，未知得其荒空之趣否？

五上黄山所作的画，全部丢失。海粟当时较喜欢的一张，是四尺宣画的《梦笔生花》。那时"笔"尖上并不止一株小松，而是一丛小树：有如怒蟒奔云者，有如铁钩倒挂者，有疏影横斜如古梅者，有舒展如扇者，合称虬龙松，也叫绕龙松。真是一个小而精绝的盆景。可惜这优美的景色由于天旱成灾，加上雷火焚烧，已经烟消云化，直到抗战后期才又长出小松。

明末以来，从石涛、渐江、梅清、虚谷，到黄宾虹、张大千、刘海粟，无论是否属于黄山画派，都在黄山找到了施展身手的所在，留下了大量的佳作。他们的画幅将会给美术史册增添光辉的篇章。

"天生我材必有用"，抄古人、袭今人、学洋人、仿自己的旧作，都不能表现出黄山新的精神面貌，更难将自己的气质融汇于山水云树

《水墨牡丹》1982 年

之间。即使前辈送给你一根金手杖，也代替不了自己的双腿。抱着继续探索的宏愿，1954 年海粟第六次登临黄山。

行前海粟特地请老友钱瘦铁替他刻了一方印："黄山是我师。"

那年云谷寺还不通公路，全靠步行。天一亮海粟便出门，一路上松迎泉笑，山鸟啼啭，群峦招手。海粟或在清凉台上远眺云海，或在始信峰巅上恭候日出，或到光明顶上速写山峦起伏。夜晚，云光暧暧，和风习习，海粟或与正住在黄山的丁玲、戴岳、陈登科、李可染、罗诒等同志闲步林间，或闲话阳台，看云入户，月上山尖，心旷神怡，悠然自得。

1954 年的作品中，油画《黄山温泉》画得比较抒情。海粟试验着如何在油画中体现出民族风格。用笔注意中国书画的韵味，并有选择地运用了印象派的某些外光技巧。《黄山狮子峰》用短笔触画成，以国画点苔为主，掺用少量西画的点彩技法，使中西画法互相渗透，从而产生别具风味的画面效果。

《黄山散花坞云海》《散花坞云海奇观》《西海》等，画的都是云海。国画掺用油画的用色，有时处理得光怪陆离、丰富鲜艳，而用线用墨，却不失传统风味。

《三千里外蕉犹青》1982 年

手卷《黄山西海门》，纵 46 厘米，横 442 厘米，自 1957 年以来，多次参加过展览，1979 年又发表于第一期《美术》杂志上。

海粟在作此画之前便想到如何解决这样一种矛盾：山画近了，天空堵塞，貌似硕大，实则低矮；山画远了，天虽开阔，但气势减弱。经反复寻思，海粟决定把山画得顶天立地，强调铁骨钢筋，突出山的骨骼风神，再把山顶的巨松如实写出，来衬托山的高度，因而取得了较理想的效果。

《黄山西海门》长卷在章法上分成三组，以笔墨写出完整的印象：左边第一组，山取莲花造型，一丛小莲花，合成几朵大墨莲，侧重淡墨晕染，烟雾迷濛。莲花两侧，用没骨赋形，突出中景。为了与全画不脱节，也用些焦墨点苔，以便与主体山峰有映照。从峰顶到远山剪影，留白较多，云天浑然一体，显示山的高度。

中部第二组是西海门左侧。两峰对峙，皆以浓墨勾勒，直上直下，上端用马蹄形弧线，以篆书笔法写出，严谨厚重。线与线靠得很近，中破淡墨，使小块面各个组合，联成整体。主峰色更淡，峰腰上有一段浮云，使巨松和山分开，以突出松树，加强其凌空高举之态。左边山谷，白云重叠，上立松林，是虚笔，右边云海才是实写。层层远山，纯用泼墨溢染，中有云层隔开，墨渐浓而山渐远，是想"出奇制胜"。老杜诗句有"篇终接混茫"，云海造景所追求的便是浩瀚深远，遥与天接。

右边第三组山峰，采取立势，用直线勾勒，加强了山势的稳重感，使主体更加突出。

全卷用赭色烘染，使白色的云光水气更为醒目，阳光灿烂的感觉有所加强，尤其是右边主峰显得特别明亮。

这一阶段的试验，为后来的大泼墨、大泼彩开辟了新径。

1957 年海粟在上海开画展，摆在显著位置的便是黄山旅行写生之作。

不久海粟患了中风，幸亏抢救及时才转危为安，但直到 1960 年才能走路。他躺在病床上，肉体和精神都在接受着严峻的考验。在这段艰辛的日子里，黄山不断出现在他的梦中，成了精神支柱，他像怀念亲人那样思念黄山。

肉体瘫痪不足畏，但是，如果不振作，精神瘫痪了，生犹死也！

"拿纸笔来！"等到能够坐起，海粟便向老伴果断地提出要求。

伊乔感到十分意外，愕然地看着他。

"扶我下床，我要走路，将来要上黄山！"

孩子们也深感意外，惶惑地望着他。

海粟手捏不住笔，哆哆嗦嗦，一次一次地掉在被子上，双腿不听话，一次一次地立起来，又一次一次地跌坐在床上。

他要先拿起笔，然后再拿起筷子。亲人可以喂饭，却不能代替他挥毫。

"休息吧，刘老！你的精神很顽强，但是现在还不行！"医师们也来劝阻。

挚友们用善良的语言来安慰他，他却从朋友们的微笑中看到了沮丧；伊乔劝他休息，孩子们劝他少动，他却从亲人们的眼中看到了哀伤。

木然的臂腕，僵直的手指，拒绝中枢神经的命令，不肯帮助他画出灵感的源泉、感情上的故乡——黄山。

他满身大汗地站稳了，然后摇摇晃晃地迈开了第一步。这只是起点，但却是踏上天都的第一层石级。上面虽然高与云齐，一层石级，一层石级地攀登，伟大就是众平凡孕育出来的……

功夫不负笔耕人，1960年秋天他终于又能捉笔画黄山了。出院之前，他给医院画了一幅《红梅》和一幅《黄山》，作为"毕业论文"，也是检验医护成果的最佳纪念品。

1961年隆冬，试作油画《天门坎风云》，气象开阔，豪气犹存。1962年，他用蓝青色块画《狮子峰上望太平》。群峰叠翠，远山白色反光，与天空混然一体。白色大云块，飘乎其间，与山峰交叠成有机之回旋，意境深远。1980年香港《美术家》杂志上发表了这张画。

海粟积聚了大量的画稿，都是默写黄山的，可惜在"十年浩劫"中大部散失。

他花了很多时间，临写前人画黄山之作。淡雅的、狂放的、险怪的、浓黑的，他皆加以比较分析，取各家之长，拟定了自己的绘画途径——雄奇壮阔。从内容到形式，都为这壮美之境界而孜孜以求。

他不断地阅读石涛的《画语录》、罗丹的《艺术论》。两本书中，艺术家的个性、思想和感情，都得到生动的描述，不少谈艺的隽语对他极有启迪。"动之以旋"这四个字，帮助他处理好《天门坎》的技法。每个块面、每条线都是艺术语言，它给人以激动、沉思，使人感到宁静肃穆，继而奋发振作，产生热爱祖国山川的情感。

海粟给人民大会堂上海厅绘制的大幅《黄山狮子林》，是大泼墨的代表作。前景松石用焦墨铁线勾出，松枝、松针全是悬腕中锋，显得很有傲骨。山峰用淡墨勾出轮廓，分几次泼上墨水，浩荡汹涌，云雾氤氲，稍干再泼，层次分明。在山谷背阴处，浓墨渲染较深，使画面多一些跌岩。

作此画时，围观者不少，大家看得饶有兴味，有人提出疑问："你多年没上黄山，为什么画得这样逼肖，这样美呢？"他放下画笔，千言万语涌上心头，只能简单地回答说："朋友，我虽然和黄山阔别 25 载，但是这座宝山在我心中一直是有生命的东西。我不断用爱滋养她，正如她长期用坚定的信念在勉慰着我一样。在六上黄山的过程中，我对她的面貌、个性，多少作过一些研究，印象深了，一动笔就脱颖而出，比较自然。"

同样表现云海，1979 年他用明朝人写大草的路子，用线勾了一幅《云海奇观》。云的方向朝画内滚动、上升，山有铁画风味。松树特别挺劲，松后一片白云，充满着水气。山势左低右高，雄浑厚重。另一幅《黄山云海》，用大泼彩，云向画外泛滥，远处的山画成大红，与绿色的山强烈对照。色与墨并没有淹没线条，处理得还算和谐。颜色是多次画上去的，斑驳中似乎杂乱，其实自有章法。红绿之外，有黄色、石青，湿度、明度都很强，底子掺过咖啡色，比较艳丽。这种泼法，比他 1975 年画的荷花又有了变化。

1980 年盛夏，海粟七上黄山，为时三十多天。

见到日夜思念的黄山，眼角润湿了。多少往事，涌上心头，忍不住要向"老师"欢呼。一下车，他高兴得直跳，一肚子话要向"老师"倾诉。

《黄山图》1964 年

脑子不停地想，画笔不停地挥。假使没有客人来谈心，几乎每天要作一幅画。有的是大幅泼墨，《百丈泉》《白龙潭》《青鸾舞雨》《莲峰紫霞》《黄山宾馆即景》《万山溪谷》《溪谷林泉》《溪雨流丹》，都在这段时间画成，还题了一些诗词。

油画《青龙腾波》，笔触狂野，全画极少用青色。山石橘红，和他1954年画的瀑布迥然不同，写实的构图，却用了一些写意的技法。

他还画了丈二巨幅《黄山烟云》《黄山》《始信峰松林》《锦绣河山》等画，为赴港展出奠定了基础。

他把同来的青年画家、记者称之为"研究组"。他们是作品的第一轮评论者，不仅仅是作画时的"观众"。

海粟少年时代读过陈眉公辑录的《幽窗小记》中有一联，1958年他曾经将此联题在画上抒怀。在山上，又写赠朋友：

宠辱不惊，看庭前花开花落；

去留无意，望天上云卷云舒。

假如七上黄山是一出大戏，全剧高潮应是创作《云谷晴翠》的那一天。

谢海燕和他的夫人，还有安徽国画院、画报社、新华社几个单位的年轻人，都怕海粟过于劳累，不要他上山去作画。海粟说服了大家，一路上热热闹闹到了云谷寺。

进山的小屋全用石块砌成，有古典风味，和国画里的山水很协调。院内古老的银杏树铜干铁枝，屈曲沉凝，古气苍然，浮空翠绿，慷慨地投下满院浓荫。一别26年，这段岁月在她身上并未留下什么痕迹，还是往昔风貌。

站在罗汉、盂钵两峰对面，饮过一杯清冽的山泉，几缕红光掠过山肩，唤起海粟一段难忘的回忆。

1954 年在始信峰上远眺，一抹丹霞投射在一排远峰顶尖，迅速地把山头染得通红，仿佛是红玉刻成的宝塔、朝天椒、盂钵、竹笋……光焰刺目。海粟被这从未见过的景色所攫住，狂喜得大声叫绝，为之顿足，为之抚掌。这宇宙间的绝景，永远刻在他记忆的荧光屏上。

海粟抓住刚才红光引起的回忆，结合眼前翠绿的山尖，绛色的光虹，用长笔触迅速"写"好山顶，接着用葱绿"扫"出山腰。但是，他搁笔了，为什么呢？因为山下是阳光灿烂的黄金世界，大地也黄橙橙的，只有树荫深处有几点墨绿，这样的暖色世界，同画幅上方的紫绿山峰缺少衔接与过渡，照样画上去，上下两个区域如同刀切，画面必然不调和。

他凝眸巡视，这时远方飘来一朵白云。好似黄山知道海粟遇到了阻难，她又出来解围了：为明丽的山系上一围纱巾，一切矛盾迎刃而解。下面古老样式的新建筑、丛林、草坪顺利画完了，石阶下的游客为画面增添了生气，那穿红色登山服的港澳同胞的侧影，与山顶红光产生了呼应，比他预期的画得要好多了。

1981 年，邀请海粟去作画的地方不少，其中还包括他从未到过而向往颇久的四川峨嵋山、福建武夷山，但最后他还是选定去黄山。

八上黄山之前，有人问他："您已经86岁高龄了，还能上险峰么？"

他说："感谢朋友们的好心。上山这件事的本身，就是为了要和我自己较量一下。"8 月 20 日，彤云密布，山风狂号，大雨滂沱。海粟伫立窗前，仰望乔松，它屹立在悬崖之上，不为暴风雨所动，而且一经冲刷，浮尘尽洗，格外青葱。雨过天晴，他来到桃花溪边，挥毫泼墨，画了一张五尺宣的瀑布。画面云飞泉落、奇树峥嵘，比去年在百丈泉试笔时的趣味有增无减。

22 日他应摄影家朱云风、袁廉民、水禾田之请，画了一幅水墨黄山，云气弥漫，叠嶂嶙峋，一气呵成，还题了一首七绝：

> 黄山万载表中华，八度攀登弄紫霞。
>
> 架壑有松皆孔翠，凌霄无石不莲花。

画上又加了一方新刻的印章："昔日黄山是我师，今日我是黄山友"。从师到友，反映了一个飞跃。

8月28日下午，海粟的画兴更浓，决计要去汤口作油画。黄山疗养院的大夫们都来劝阻，他还是固执地要去，因为这幅画的草稿已在他的脑子里盘亘好久了。

休息是爱护，必要的劳动同样是爱护。海粟心中还是有底的。

这幅《黄山汤口》，宽170厘米，高约100厘米，只用3个小时便画完了。

海粟退到离画三米以外的地方，冷静地凝神细看，凭着直觉和长期以来的审美经验，拿它和近年来其他作品比较，觉得此画是他15年来的最佳之作。

《黄山汤口》在油画民族化方面，作了探索。汤口民间建筑的风火墙，是皖南山区所特有的；黄山的衬景，也是极其富有个性的。表现这些内容，较易体现民族特色。

由于长期的观察研究，海粟大抵掌握了黄山落日色彩上的变化规律。当山下房屋上并未出现橘红色的时候，他预先在画布上涂上了第一块橘红色块；第二块涂好，风火墙上真的出现了画布上的色彩；第三块涂成，墙上的橘红色已经消失了。

几位年轻人劝他回寓，但是他决计要抢着画完落日前的两个山头。这一切，终于如愿以偿。大家亲切地看着作品，这对一个年事已高的画家来说，是多么巨大的安慰啊！

晚间，青年画家杜雪松、海粟的研究生董欣宾拿来一本画册，找

《汤口速写》（油画）1981 年

出他在 1954 年画的《黄山平天矼》，要他谈谈创作体会。

海粟说，作此画时，万里无云，平天矼山岭面目裸露无遗，写无云的山要实，要靠书法上的功力，笔笔送到，一丝不苟。

作大幅画最忌一个"散"字，构图一散，笔墨精神亦随之涣散，力度消失，气势全无，难以成画。

要大气磅礴地画，不要小处着眼，一枝一叶，细修细补，破气伤神。光是大气磅礴也不行，还要讲究凝结、沉着。这是大幅画结构的前提。

从容舒展，才是小品的特点。

平天矼山石突兀峻赠，笔法要错综多变，起落回环，形乱神不乱。正如散文，形散神不能散一样。

《平天矼》中所有的山均向北倾斜，不仅是黄山地质、地貌的表现，也是体现老辣笔势的需要。海粟让三座小小的远山摆得端端正正，是为了不致于失去平衡。前景中的六株松树之间似争似让，通过无声的"对话"，开阖进退，俯仰摇曳，都有目的，作者的情感也就寓于其中了。

黄山群峰，有远看相连而近观不相连者，有远观不相连只是云烟阻隔而实为一体者，要善于平中见险，分清宾主、虚实、轻重、动静，才能发掘其美。

9月5日，海粟向北海进发。

当他走到始信峰下看到黑虎松时，想起了27年前他送李可染下山，曾在松下话别。可染入美专时才16岁，是少数几个年龄最小、天分最高的学生之一。海粟仿效蔡元培先生在北大兼收并蓄的办法，尽量让学生参加多方面的文艺活动，曾延请京剧名票苏少卿先生来辅导业余戏剧活动。可染以他的聪明勤恳，获得苏先生的钟爱，招为乘龙快婿。这些往事，已经是半个世纪了。

翌日晨，海粟用六尺宣画了《黑虎松》，为了求得气势，树干略斜，松针用墨块表现。全画色调较深，想表现出黑色与虎气。由于兴奋，腕部微微颤栗，无意间造成不少飞白与剑脊，反而别具情趣。

他在画板上放了两张宣纸，下面的一张十透八九，可见画时用足了腕力，所以内衣和帽子周围也都被汗浸透了。

松，可算是黄山之花，霜冻雨打使它们都呈平顶式。瘠薄的土地，锻炼了它们的生命力。有的小松身高不过三四尺，粗不过一握，而巨根粗若鸡蛋，穿过石壁，长达丈余。向阳的本能，又使它们枝条多向一面生长，迎客、送客、连理、凤凰、龙爪等等，大抵都如此。

海粟三次画孔雀松，角度都不同。它耸立于清凉台畔，咬定山石不放，左边大枝为雷火所劈，右边一大枝反发出许多劲枝，向上下伸展，犹如孔雀开屏。他从来没有见过病态的树木，能给人以如此壮美的形象！

松，给人以力量。那天，海粟在始信峰画石壁上张翅欲飞的倒挂松时，上海市退休工人旅行团围观如堵，几位老工人走到此处，感到太累，不想上攀天都，看到海粟在画上落款写的"年方八六"，大为感动，要同他合影留念。有位工人说："我才64岁，厂里称我老师傅，回去以后要把'老'字革掉。比刘老，我不老，我一定攀上天都！"海粟同他们一一握手告别。

9月18日在狮子林画松，一位广东退休工人见海粟在烈日下作画，满脸油汗，把伞借给他，临行还说："跟您比，我是中年，您是国宝。我回去要当个厂宝！"

在黄山度中秋，是人生中的幸事。大雾漫天，没有月亮，海粟对学生们说："心中自有一轮月，心情舒畅月长圆。"

西海雄冠全山，他去画了三次，每次感受不同。它的美并不在于石头很奇，如"仙女弹琴""仙人踩高跷""武松打虎"之类，而在于吞吐云海，奇诡变幻，瞬息不同。游山的人，倒不必专找象形的石头，而是应从自己的感受中去发现美的东西，否则，去过黄山的人带回来的印象都一样，黄山的美就被限制死了，疆域也就不辽阔了。

海粟第一张油画是在排云亭畔画的。斜阳衔山，晚霞飞动，石壁犹如五彩天衣，鲜艳新奇，近于童话世界。他用竖笔猛写，连颜色也来不及调，多用原色作画。手在动作，思想仿佛在爬云梯，希望能创出一点新意。大自然对人既大方又悭吝，过了那个瞬间，即使创造能力再高也无济于事。在美景面前如不当机立断，坚持画完，以后可能要遗恨终生。

第二张油画作于9月27日。天气连阴已久，彤云乍散，沉雾初开。他从无路的地方爬上西海门左侧峰巅，树枝横路，长草绊脚，汗流浃背，乐在其中。

由于身在山峰，云海从脚下铺向天边，云块在撞击、扭结、融汇、

《黄山人字瀑》1982 年

隐现、升降……焦茶及深赭色的山峰在两边，占据的空间很小，显得天空很辽阔。云浪是动的，但还不足以体现动势，他又在云海深处施以红色淡彩，不仅为了增加画面的暖意，也使云天有别。

海粟作大幅国画，强调石壁的质感，钢浇铁铸，峻拔崔嵬。西海门放在画面右侧，全用浓墨渲染，浓中多变，重不呆滞，深不死板。大墨块稳实，小墨点流畅，相映成趣。

深秋，海粟来到光明顶气象站，想画天都与莲花的背影。时值寒流未退，冷风割面，雾纱如帐，遮住山景。他

《墨笔古人荒寒境》1985 年

踉脚取暖，等到天黑，云还不肯散走。突然，一阵旋风，雾幕撕开，天都、莲花雄姿矗立，英挺非凡。云间几缕残阳，像火红的丹漆涂在山上背阴处，使铁青的巨石显出绛紫色，绿色的树林上晕着鹅黄。不等雾霭全消，海粟推开椅子，挺身而起挥笔疾走，迅速将大块颜色铺上去。他怕山峰重戴面纱，右手作画，左手将颜料挤在调色盘里，双手齐头并进，紧张得全身振奋，寒冷、疲劳都一扫而光。

摸黑回来，在灯下看画，别有一番滋味在心头。他吟了一首七古：

莲花峰腰三丈云，飞鸟无踪绝尘迹。

贾勇攀跻八六翁，穿云却上云霄立。

平生八赴莲花会，莲吐天香人欲醉。

忽然一点天都开，笔歌墨舞真三昧。

1982年8月8日，海粟应安徽省邀请，第九次登上黄山。

这次他在黄山作画近两个月，计画国画《壁裂千仞》《翠微峰》《黄山天都峰烟云》《清凉顶奇松》《黄山光明顶》《莲花峰》《白龙潭》和油画《黄山温泉》《回音壁壮观》《黄山汤口》《始信峰麓》等二十余幅，可谓丰收。

8月9日，到云谷寺写生，题画一律，传诵较广：

黄岳雄姿震古今，百年九度此登临。

目空云海千层浪，耳熟松风万古音。

莲座结跏疑息壤，天都招手上遥岑。

一轮独爱腾天镜，中有形形报国心。

南京艺术学院和南京电视台合摄的电视片即据此诗命名为《形形报国心》，记录海粟的艺术生涯。上海老朋友王个簃先生看了这张国画，作诗一首为赞：

古今中外闪奇光，万丈波澜岁月长。

九上黄山豪气在，高天云海任翱翔。

往年上下匆匆，没有画过白鹅岭，这回用洗练笔法勾出黑虎松下的奇景，并填《减字木兰花》一首；

苍松挂壁，辉映翁颜八十七。雷瀑奔腾，迓我黄山九度登。

髡残原济，尚友千秋谁比拟？笑问浮邱，道是人间第一流。

10月6日下山的时候，他依旧恋恋不舍。真是：

来去休言别，平生共寸心；

写君图画里，世代有知音。

十上黄山

1988 年 7 月 11 日，此时的刘海粟已是 93 岁高龄了。他第十次登上黄山，实现了他十上黄山的夙愿，也完成了他一生艺术探索的历程，攀登上了艺术的"天都峰"。海粟在十上黄山的近二个月的时间里，到处写生，作画不辍，每每被黄山瞬息万变的云海奇观所激动，他深情地说："我爱黄山，画天都峰都画了好多年，它变之又变，一天变几十次，无穷的变化……我每次来，每次都有新的认识，有画不完的画。"登上黄山的第二天，他便赋诗："年方九三何尝老，劫历三千亦自豪。贾勇决顶今十上，黄山白发看争高。"在两个月的时间里，他保持着写生和作画的热情，有时一天可以画三四张。

93 岁的海粟第十次登临黄山，天黑时到达并憩息于云谷山庄。第二天上午到达桃花溪畔作画。第三天上午就登上北海，入住散花精舍，稍事休息，吃罢午饭，海粟到阳台观景。黄山不仅雄伟奇绝，更在于烟云中的无穷变幻。然而此时晴日当空，眼前的山峰一清二楚，裂壁千仞，只有

《清凉台写奇松》1988 年

193

1988 年，刘海粟在黄山写生

峰谷间流动着一块块云影。"好！阴阳之变。"海粟满怀激情当即挥毫：忽而用浓墨篆笔铁线，时疾时缓，如同书写狂草一般画出峰峦苍松；忽而用盛满洗笔水的碗泼浇起来；忽而再用浓墨淡墨在水汪汪的画上涂抹。哪像作画，分明是顽童在恶作剧！一小时不到，就完成了这张四尺横幅。海粟忘情地说："我画了很多次梦笔生花，次次都不一样，这是自己同自己较量啊！"

十上黄山的又一个下午，整座黄山被浓雾锁住，也把海粟锁在了散花精舍里。阳台上，一块木板搁在几把椅子背上搭成临时画台，铺好了纸。海粟坐在画台前等待云消雾散。开始时，还偶有松影峰尖缥缈一现，后来白茫茫一片了。时间久了，老人闭着眼睛，手里还握着画笔，一动不动。怕他着凉，助手劝他进屋去，笑着对他说："外面什么都没有了，连朝南海的十八罗汉都躲起来了。不过我倒看见了黄山的一处新景点。"海粟睁开眼，稍一愣神，继而大笑："好!老海入定。"海粟常称自己为"老海"。朗朗笑声，和着阵阵松涛的呼啸声在千峰万壑中久久回荡。

他这样描述自己对黄山的爱恋："黄山为天下绝秀，千峰万嶂，千云直上，不赘不附，如矢如林。幽深险怪，诡奇百出，晴岚烟雨，仪态万方。其一泉一石，一林一壑，不仅触发你的诗思，惠你画稿，提供无限美境，或使你心旷神怡，或使你无言对座，寝食皆废，终日忘机，以至阔别数十年，仍能保持极深印象，一朝念及，回忆便如飞流倾泻，纵使白发垂耳，心情也贴近生命的春天!"

海粟这次十上黄山共两个月，不算无数书法作品，共创作了50余幅画，而《散花精舍写梦笔生花》是其中精品之一。早年海粟在黄山主题的作品题款中不会强调上黄山的次数，但是在后期，他开始在作品的题识和落款中出现登临黄山的次数和自己的年龄。

海粟93岁十上黄山之后，将其创作画黄山的各类作品94幅，于1988年9月12日在上海美术馆公开展出。他的心和黄山是相通的，他对黄山的爱和感悟在他以93岁高龄十上黄山的一首七绝里体现的更为明显："年方九三何尝老,劫历三千亦自豪,贾勇绝顶今十上,黄山白发看争高。"

海粟十上黄山，有一批老画家专程上山看望他。合作画画时，有人画风比较严谨，力度稍纤弱，画得很慢很仔细。海粟站在边上看，久之便有些体力不支微露倦意，助手将他扶在边上休息，他对学生说：宁可不足，不要过头。"好的艺术作品不是没有不足，而是允许不足，在于足与不足能否和谐。和谐时不足而足，不和谐时足而不足。粉饰不足，最后结果大约也只存气绝的空壳了。

海粟后来在谈他十上黄山作画的体会时说："在宾馆作画，水墨和重彩均有。但为借黄山气势，直抒老夫胸臆，墨是泼墨，彩是泼彩，笔是意笔。我十上黄山最得意的佳趣是：黄山之奇，奇在云崖里；黄山之险，险在松壑间；黄山之妙，妙在有无间；黄山之趣，趣在微雨里；黄山之瀑，瀑在飞溅处。"由此可见，海粟老人对黄山之奇、之险、之妙、之趣都有深切的体验和领悟，均作了率意的描绘与表现。这种

《牧牛》1988年

百年巨匠
Century
Masters
刘海粟
Liu Haisu

对奇、险、妙、趣的体验与领悟，描绘与表现，是艺术的，也是人生的，是黄山真精神和画家真性情的集中体现。

海粟的黄山画，按描绘物件，大致可分为三类。第一类是表现黄山整体气象的，如画黄山云海，泼墨泼彩，大红大绿，亦庄亦谐，似真似幻，又静又动，给人以壮阔苍茫，雄浑磅礴，气象万千之感。第二类是描绘黄山局部景观的，如画天都峰、莲花沟、狮子林、平天虹，粗犷处任意挥洒，精细处着力点画，时而线勾，时而泼墨，时而点彩，虚中有实，实中见虚，虚实相生，给人以雄奇绝秀，幽深怪险，仪态万方之感。第三类是描写黄山有特色的具体景物的，如画黄山松，着力画出超凡脱俗的神彩、崇高品格、顽强生命力。他笔下的黑虎松，气势夺人，生机盎然，力图表现出"这黑色与虎气的崇高的气象"。而他笔下的孔雀松，，虽遭雷火所劈，仍然咬定青山，残枝独存，奋力伸展，犹如孔雀开屏，让人见出"这病态的树木给人以壮美的形象"。可见，海粟无论表现黄山的整体气象，还是描绘黄山局部景观，抑或描写黄山具体景物，都力图让人见出雄奇壮阔，见出阳刚之气，见出崇高而壮美的品格与豪情。

在中国现代画家中，海粟走的是一条中西融合的艺术路子。他受石涛、八大山人画风影响颇深，具有深厚的中国传统笔墨功力。他系统学习和研究了西方从文艺复兴到现代的绘画艺术，对莫奈、凡·高等人的体会与心得尤深。他长期致力于将中国传统笔墨技艺与西方现代光色技法融会贯通，努力探索一种具有时代气息的新绘画语言。海粟的黄山画是这种探索的具体体现，也是这种探索的艺术结晶。

有人认为海粟的黄山画尤其晚年作品，重光色效应，不重传统笔墨，是非传统甚至反传统的。这是一种误解。其实，他不是对传统的全盘抛弃与背叛，而是对传统的辩证扬弃与超越。他的中国画作品往往直接取法于西画，旨在创造一种既有传统底蕴，又有现代意味的绘画语言，更好地表达现代人的生存体验与审美情趣。

现代画家中，平生画黄山用功最勤、成就最高者当推黄宾虹、张大千、刘海粟三巨子。他们三人都继承了以石涛、渐江为代表的"黄山画派"和"新安画派"的优秀传统，为黄山画艺术的发展与精进做出了不可磨灭的巨大贡献。然而，每个人所走的艺术道路并不相同。黄宾虹作为一代山水大师，从中国画内部突破了古代文人画传统和笔墨圈子，将中国山水画艺术提高到一个崭新的境界。张大千和刘海粟的艺术路子比较接近，他

《清凉台写生》1988 年

《重岩叠嶂》（油画）1988 年

《十上黄山诗》20 世纪 90 年代

们越过中国画陈法和程序，直接向西画借鉴，为中国山水画艺术开辟了一个新天地。而张大千和刘海粟都爱泼墨泼彩，其技艺孰高孰低实难断定，但比较起来，刘海粟更重光色效应，色彩运用更带个性特点，也更具现代气息。

由此可见，在黄山画艺术发展史上，刘海粟的地位是十分重要而独特的，不可替代的。仅就黄山画艺术，说在中国现代绘画史上刘海粟和黄宾虹两峰并峙并不过分。可以断言，今后一个相当长时期内，黄山画艺术将在黄宾虹、刘海粟奠定的新格局里获得长足发展，人们想一下子完全打破这一格局是困难的。

刘海粟故居坐落在上海复兴中路与重庆南路的交汇处，这是一幢法国早期独立式四层楼花园住宅，沿街筑有高高的围墙。进入大门，有一露天楼梯直通楼内。房屋的底层外墙采用卵石装饰，二楼外墙面则是红砖清水墙，外墙上开有矩形和拱形等各式窗户，屋面是红瓦四坡顶，富有欧陆风情。庭院内置有一些小盆景，四周墙上爬着攀缘植物，一到春天，满目苍翠。室内是柳安木地板配以柚木护壁，天花板上的石膏花饰十分精致，另外，室内还设有考究的壁炉。这幢房子是由旧上海的实业家朱葆山所造，20世纪30年代，刘海粟向人租下，从此便一直住在这里，直到他去世。刘海粟谢别人世后，他的夫人夏伊乔就没再在这里居住。

我们无从得知晚年的刘海粟为什么会喜欢贝多芬的《命运》，这样一首激昂有力，充满了英雄主义精神的乐曲，我们也无从得知他从中感受到了怎样的一种震撼与感动，但是我们知道，贝多芬在这首交响曲第一乐章的开头，曾经写下过这样一句话："命运在敲门"。

或许，正是这句话，让一代巨匠刘海粟在冥冥之中感受到了一种不言而喻的契合吧。

"我累了，我要休息。"这是刘海粟生前讲过的最后一句话。

1994年5月，刘海粟因身体不适住进华东医院。同年8月7日凌晨0时38分，一代巨匠安然睡去，享年98周岁。

参考书目

◎ 袁志煌、陈祖恩：《刘海粟年谱》，上海人民出版社，1992 年。

◎ 蒋碧薇：《蒋碧薇回忆录》，学林出版社，2002 年。

◎ 岑其、寿英姿：《艺术人生走近大师刘海粟》，西泠印社出版社，2006 年。

◎ 石楠：《海粟大传》，上海远东出版社，2007 年。

◎ 刘海粟美术馆：《沧海一粟——刘海粟的艺术人生》，上海教育出版社，2005 年。

◎ 周积寅：《刘海粟谈艺录》，河南美术出版社，2000 年。

◎ 简繁：《沧海》，人民文学出版社，2002 年。

◎ 刘海粟：《存天阁谈艺录》，中国青年出版社，2007 年。

◎ 刘海粟：《欧游随笔》，东方出版社，2006 年。

◎ 刘海粟：《艺术叛徒》，江苏文艺出版社，2006 年。

◎ 常州刘海粟美术馆：《刘海粟研究》，江苏美术出版社，2003 年。

◎ 刘海粟美术馆：《走近刘海粟美术馆》，上海画报出版社，2004 年。

◎ 周积寅、金建荣：《刘海粟谈艺录》，河南美术出版社，2000 年。

◎ 刘海粟：《海粟黄山谈艺录》，福建人民出版社，1984 年。

◎ 黄苗子：《画坛师友录》，生活·读书·新知三联书店，2000 年。